LISA SCHEU

Interessenwahrnehmung durch Rundfunk und Presse

Eine strafrechtliche Untersuchung

NEUE KÖLNER RECHTSWISSENSCHAFTLICHE ABHANDLUNGEN

HERAUSGEGEBEN VON

DER RECHTSWISSENSCHAFTLICHEN FAKULTÄT
DER UNIVERSITÄT ZU KÖLN

HEFT 39

Berlin 1965

WALTER DE GRUYTER & CO.

vormals G. J. Göschen'sche Verlagshandlung · J. Guttentag, Verlagsbuchhandlung
Georg Reimer · Karl J. Trübner · Veit & Comp.

Interessenwahrnehmung durch Rundfunk und Presse

Eine strafrechtliche Untersuchung

Von

Lisa Scheu

Berlin 1965

WALTER DE GRUYTER & CO.

vormals G. J Göschen'sche Verlagshandlung · J. Guttentag, Verlagsbuchhandlung
Georg Reimer · Karl J. Trübner · Veit & Comp.

Archiv-Nr. 27 08 65 7

Satz und Druck: Saladruck, Berlin 65

INHALTSVERZEICHNIS

Seite

LITERATURVERZEICHNIS

Andenaes	Der Frieden des Privatlebens. In: UFITA Bd. 30, 30 ff.
Anschütz	Die Verfassung des Deutschen Reiches, 14. Aufl., Berlin 1933.
Apelt	Ist der Betrieb des Rundfunks im heutigen Deutschland öffentliche Verwaltung? In: „Vom Bonner Grundgesetz zur gesamtdeutschen Verfassung" — Festschrift zum 75. Geburtstag von Hans Nawiasky, 1956.
Arndt	Begriff und Wesen der öffentlichen Meinung. In: „Die öffentliche Meinung", Bd. IV der Schriftenreihe der Dtsch. Gesellschaft für Publizistik, 1962.
Binding	Lehrbuch des gemeinen deutschen Strafrechts. Besonderer Teil. Bd. 1, 2. Aufl. 1902 = Lehrbuch.
—	Die Ehre und ihre Verletzbarkeit, 1892 = Ehre.
Birkhahn	Rechtsweg bei Klagen gegen Rundfunk und Fernsehen auf Unterlassung und Widerruf. In: MDR 63, 636 ff.
Bohne	Menschenwürde und Strafrecht. In: RStW Bd. III, 1951, 20 ff.
Bonner Kommentar	Kommentar zum Bonner Grundgesetz, 1950 ff. = BK.
Bussmann	Reichen die geltenden gesetzlichen Bestimmungen insbesondere im Hinblick auf die modernen Nachrichtenmittel aus, um das Privatleben gegen Indiskretion zu schützen? In: Verhandlungen des 42. Deutschen Juristentages, Bd. I, 1, 1957 = Privatleben.
—	Persönlichkeitsrecht und Berichterstattung in Presse, Film und Funk, In: JR 1955, 202 ff. = Persönlichkeitsrecht.
Coing	Ehrenschutz und Presserecht, 1960.

Dohna, Graf zu	Neue Mittel des Ehrenschutzes. In: ZStW Bd. 57, 158 ff.
Engelhard	Die Ehre als Rechtsgut im Strafrecht, 1921.
Enneccerus-Nipperdey	Allgemeiner Teil des Bürgerlichen Rechts, 15. Aufl., Bd. 1, 1959.
Entwurf eines	Strafgesetzbuches (StGB) E 1960 — in: Bundesratsdrucksache 270/60 — E 1962 in: Bundesratsdrucksache 200/62 — mit Begründung = EStGB.
Entwurf eines	Gesetzes über den Rundfunk — mit Begründung — in: Bundestagsdrucksache 1434/59.
Entwurf eines	Gesetzes zur Neuregelung des zivilrechtlichen Persönlichkeits- und Ehrenschutzes — mit Begründung — in: Bundesratsdrucksache 1237/59 = PR-Entwurf.
Erdsiek	Der Regierungsentwurf zum Persönlichkeits- und Ehrenschutzgesetz. In: UFITA 29, 1 ff. = Regierungsentwurf.
—	Umwelt und Recht, NJW 1958, 1719 ff.
—	Umwelt und Recht, NJW 1959, 1315 ff.
—	Umwelt und Recht, NJW 1962, 622 ff.
—	Umwelt und Recht, NJW 1963, 1048 ff.
Erman	Handkommentar zum BGB, 3. Aufl. 1962.
Eschenburg	Herrschaft der Verbände, 1956.
—	„Die Presse, der unbewachte Wächter". In: „Die Zeit" Nr. 21 vom 20. Mai 1960.
Fechner	Die private Sphäre in der Gegenwart. In: RStW Bd. III, 1951, 31 ff. = Private Sphäre.
—	Freiheit und Zwang im sozialen Rechtsstaat, 1953 = Freiheit.
Fischers Lexikon	Film, Rundfunk, Fernsehen, 1958.
Forsthoff	Lehrbuch des Verwaltungsrechts I, 7. Aufl. 1958.
Frank	Das Strafgesetzbuch für das Deutsche Reich, 18. Aufl. 1931.
Giese	Gibt es eine wirksame Bekämpfung der Auswüchse der Presse-, Rundfunk- und Filmfreiheit? In: Zeitschrift für Politik, 1957, S. 239 ff.
Geldbach	Pressefreiheit und Persönlichkeitsschutz, Dissertation Köln, 1962.

Grabowsky	Mißbrauchte Pressefreiheit. In: Zeitschrift für Politik, 1956, S. 259 ff.
Grünhut	Der Schutz der Persönlichkeitssphäre im englischen und amerikanischen Recht. In: ZStW 74, 319 ff.
GrStRK	Niederschriften über die Sitzungen der Großen Strafrechtskommission, Bd. I ff., 1956 ff.
Guardini	Die Macht, 3. Aufl. 1955.
Haacke	Publizistische Elemente und Probleme, 1962.
Habermas	Strukturwandel der Öffentlichkeit, 1962.
Häntzschel	Das Recht der freien Meinungsäußerung. In: Handbuch des Deutschen Staatsrechts II, S. 651 ff.
Hagemann	Abhilfe gegen Mißbrauch der Pressefreiheit. In: Zeitschrift für Politik, 1956, S. 265 ff.
Hartmann	Persönlichkeitsrecht und Schmerzensgeld. In: NJW 1962, 12 ff.
Heinemann	Die Rechtsordnung des politischen Kampfes. In: NJW 1961, 889 ff.
Helle	Der Schutz der persönlichen Ehre und des wirtschaftlichen Rufs im Privatrecht, 1957 = Helle.
—	Die Rechtswidrigkeit der ehrenrührigen Behauptung. In: NJW 1961, 1896 ff. = Rechtswidrigkeit.
Henkel	Der Strafschutz des Privatlebens gegen Indiskretion. In: Verhandlungen des 42. Deutschen Juristentages, Bd. II D, 1959, S. 59 ff.
Hirsch	Maulkorb für die Presse? 1959.
Huber	Persönlichkeitsschutz und Pressefreiheit. Gutachten im Auftrag des Bundesministers für Justiz, 1960.
Hubmann	Das Persönlichkeitsrecht, 1953 = Persönlichkeitsrecht.
—	Grundsätze der Interessenabwägung. In: AcP 155, 85 ff. = Interessenabwägung.
—	Der zivilrechtliche Schutz der Persönlichkeit gegen Indiskretion. In: JZ 1957, 521 ff. = Indiskretion.
Internationales Handbuch	für Rundfunk und Fernsehen, 1962.
Ipsen	Die Rundfunkgebühr, 2. Aufl. 1958.
Jäggi	Fragen des privatrechtlichen Schutzes der Persönlichkeit. In: Zeitschrift für Schweiz. Recht, Bd. 101, 1960, 137 f.

Kern	Der Ehrenschutz im künftigen Strafrecht. Materialien zur Strafrechtsreform, Bd. 1, 1954, S. 303 ff. = Ehrenschutz.
—	Die Beleidigung. In: Festgabe für Frank, Bd. II, 1930, S. 355 ff. = Beleidigung.
Kieslich	Die Meinungsbildung durch die modernen Massenmedien. Hessische Hochschulwochen für staatswissenschaftliche Fortbildung, Bd. 33, 1962.
Klee	Das Recht auf Wahrheit als Grundprinzip des § 193. In: Festgabe für Frank, Bd. II, 1930, S. 365 ff.
Klinge	Die Organisation des Rundfunks als Rechtsproblem. Dissertation Mainz, 1955.
Klingsporn	Der zivilrechtliche Persönlichkeitsschutz. In: Sonderdruck aus dem Bundesanzeiger Nr. 1 vom 3. 1. 1963.
Koebel	Wahrnehmung berechtigter Interessen durch die Tagespresse. In: NJW 1960, 673 ff. = Tagespresse.
—	Film und Fernsehen als Mittel und Gegenstand wertender Kritik. Bd. 24 der Schriftenreihe der UFITA (Aktuelles Filmrecht V 1962), 1963 = Film und Fernsehen.
Kohler	Ehre und Beleidigung. In: GA 47, 1 ff., 98 ff.
Kohlhaas	Ehrenschutz und Presse. In: „Christ und Welt" vom 30. 3. 1962 = Ehrenschutz.
—	Ehrenschutz bei Film und Fernsehen. Bd. 24 der Schriftenreihe der UFITA (Aktuelles Filmrecht V 1962), 1963 = UFITA.
Kohlrausch	Fragen des Ehrenschutzes. In: Anlage 1 zum Entwurf für ein Strafgesetz (E 1927), S. 109 ff.
Kohlrausch-Lange	Strafgesetzbuch. 43. Aufl. 1961.
Krause	Die Zuständigkeit zur Ordnung des Rundfunkwesens in der Bundesrepublik Deutschland, 1960.
Krause-Ablass	Die Bedeutung des Fernsehurteils des Bundesverfassungsgerichtes für die Verfassung des Deutschen Rundfunks, In: JZ 1962, 158 ff.
Krüger	Der Rundfunk im Verfassungsgefüge und in der Verwaltungsordnung von Bund und Ländern, 1960.
Küster	Die rechtliche Verantwortung des Journalisten. In: Küster-Sternberger: Verantwortung und Freiheit des Journalisten, 1959 = Verantwortung.

—	Persönlichkeitsschutz und Pressefreiheit, 1960 = Persönlichkeitsschutz.
Lange	Die publizistische Erörterung des Straßenverkehrsrechts und das Problem der Verkehrserziehung, 1962.
Larenz	Reichen die geltenden gesetzlichen Bestimmungen insbesondere im Hinblick auf die Entwicklung der modernen Nachrichtenmittel aus, um das Privatleben gegen Indiskretion zu schützen? In: Verhandlungen des 42. Deutschen Juristentages, Bd. II D, 1959, S. 24 ff.
Leiling	Die Gesetzgebungsbefugnis zur Neuordnung des Rundfunkwesens, 1955 = Gesetzgebungsbefugnis.
—	Persönlichkeitsschutz und Rundfunkfreiheit. In: Persönlichkeitsschutz und Meinungsfreiheit. Schriftenreihe der Deutschen Gesellschaft für Publizistik, Bd. I, 1959, S. 28 ff. = Rundfunkfreiheit.
Liepmann	Die Grundgedanken des § 193 StGB. Einleitung zu Mattil, a. a. O. = Grundgedanken.
—	Die Beleidigung, 1909 = Beleidigung.
Löffler	Presserecht, Kommentar, 1955 = Kommentar.
—	Persönlichkeitsschutz und Pressefreiheit. In: Persönlichkeitsschutz und Meinungsfreiheit. Schriftenreihe der Deutschen Gesellschaft für Publizistik, Bd. I, S. 1 ff. = Pressefreiheit.
—	Persönlichkeitsschutz und Meinungsfreiheit. In: NJW 1959, S. 1 ff. = Persönlichkeitsschutz.
—	Die Bedenken gegen den Entwurf des Persönlichkeits- und Ehrenschutzgesetzes. In: UFITA 30, 69 ff. = UFITA.
—	Die Grenzen richterlicher Rechtsfindung beim immateriellen Schadensersatz. In: NJW 1962, 225 ff.
Loehning	Neuordnung des Rundfunkwesens, 1952.
Lüders	Presse- und Rundfunkrecht, 1952.
Leipziger Kommentar	Ebermayer — Lobe — Rosenberg, Strafgesetzbuch. 8. Aufl., Bd. I, 1957, Bd. II, 1958 = LK.
Mallmann	Öffentliche Meinung und Verfassungsrecht. In: Hessische Hochschulen, Bd. 27, 1959.
v. Mangoldt-Klein	Das Bonner Grundgesetz. 2. Aufl. 1955.
Mannheim	Freedom, Power and Democratic Planning, 1951.

Mattil	Die Wahrnehmung berechtigter Interessen durch die Presse. 1929.
Maunz	Deutsches Staatsrecht, 10. Aufl. 1961.
Maunz-Dürig	Grundgesetz. Kommentar. Stand v. 1. 1. 1960.
Maurach	Deutsches Strafrecht. Bes. Teil. 3. Aufl. 1959.
Mezger	Strafrecht. II. Bes. Teil. 7. Aufl. 1960.
Neumann-Duesberg	Presseberichterstattung, Presseurheberrecht und Nachrichtenschutz, 1949 = Presseberichterstattung.
—	Keine Wahrnehmung berechtigter Interessen durch die Presse bei Mißbrauch der Pressefreiheit. In: JR 1957, 85 ff. = Mißbrauch.
—	Zivil- oder Strafrechtsschutz des Privatlebens gegen Diskretionsverletzungen. In: Betrieb 1957, 861 ff. = Zivil- oder Strafrechtsschutz.
—	Ehrenrecht und Presserecht. In: NJW 1960, 749 ff. = Ehrenrecht.
—	Bildberichterstattung über absolute und relative Personen der Zeitgeschichte. In: JZ 1960, 114 ff. = Bildberichterstattung.
—	Das gesprochene Wort im Urheber- und Persönlichkeitsrecht, 1949 = Persönlichkeitsrecht.
Nipperdey	Die Würde des Menschen. In: Die Grundrechte, Bd. II, 1954, S. 1 ff. = Würde.
—	Das allgemeine Persönlichkeitsrecht. In: UFITA, Bd. 30, S. 1 ff. = Persönlichkeitsrecht.
—	Reichen die geltenden gesetzlichen Bestimmungen insbesondere im Hinblick auf die Entwicklung der modernen Nachrichtenmittel aus, um das Privatleben gegen Indiskretion zu schützen? In: Verhandlungen des 42. Deutschen Juristentages, Bd. II D, 1959 = Privatleben.
Oehler	Das objektive Zweckmoment in der rechtswidrigen Handlung, 1959.
v. Olshausen	Kommentar zum StGB für das Deutsche Reich. 12. Aufl. 1942.
Palandt	Bürgerliches Gesetzbuch. 21. Aufl. 1962.
Pester	Der Schutz des Privatlebens gegen Indiskretion im gegenwärtigen und künftigen Strafrecht unter besonderer Berücksichtigung der Sensationspresse. 1931.

Peters	Die Zuständigkeit des Bundes im Rundfunkwesen. 1954.
Pohle	Der Rundfunk als Instrument der Politik. 1955.
Prosser	Das Recht auf die Privatsphäre in Amerika. In: Rabels Zeitschrift für ausl. und internat. Privatrecht, 1956, S. 401 ff.
Quaritsch	Die politischen Parteien und die Programmfreiheit. In: Rundfunk und Fernsehen, Heft 4, 1957.
Rehbinder	Die öffentliche Aufgabe und rechtliche Verantwortung der Presse. Dissertation Berlin 1962.
Reinhardt	Persönlichkeitsschutz und Meinungsfreiheit. 1961.
Ridder	Meinungsfreiheit. In: Die Grundrechte, Bd. II, 1954 = Meinungsfreiheit.
—	Kirche — Staat — Rundfunk, 1958 = Kirche — Staat — Rundfunk.
—	Die Zuständigkeit zur Gesetzgebung über den Rundfunk. Rechtsgutachten, 1960 = Gutachten.
Riesman	Die einsame Masse. Deutsche Ausgabe. In: Rowohlts deutsche Enzyklopädie, Bd. 72/73, 1958.
Roth	Die materielle und prozessuale Bedeutung des Indiskretionsdeliktes. 1927.
Sauer	Die Ehre und ihre Verletzung. 1915.
Scheuner	Rundfunkfreiheit. In: Rundfunk und Fernsehen, 1955, S. 353 ff. = Rundfunkfreiheit.
—	Die institutionellen Garantien des Grundgesetzes. In: RStW, Bd. IV, 1953 = Garantien.
Schierloh	Die Beleidigung in den §§ 185, 186, 187 StGB und die Wahrnehmung berechtigter Interessen mit besonderer Berücksichtigung der Presse, 1925.
Schmidt-Dahlenburg	Der zivilrechtliche Ehrenschutz in England im Hinblick auf den gegenwärtigen und künftigen Ehrenschutz im deutschen bürgerlichen Recht. 1962.
Schmidt, Eberhard	Öffentlichkeit oder Publicity? In: Festschrift für Walter Schmidt. 1959.
Schneider	Presse- und Meinungsfreiheit nach dem GG, 1962.
—	Anm. zum Urteil des BGH in NJW 1963, 665 ff.

Schönke-Schröder	Strafgesetzbuch. Kommentar. 11. Aufl. 1963.
Schubiger	Radio — Weltmacht ohne Grenzen. 1942.
Schüle	Zivilrechtlicher Persönlichkeitsschutz und Pressefreiheit. Gutachten im Auftrag des Bundesministers für Justiz. 1960.
Schwarz-Dreher	Strafgesetzbuch. Kommentar. 24. Aufl. 1963.
Schwenk	Umfang und Wirkung von Meinungs- und Pressefreiheit. In: NJW 1962, 1321.
Seibert	Zur Wahrnehmung berechtigter Interessen. In: MDR 1951, 709 ff.
Siebert	Zur allgemeinen Problematik des Persönlichkeitsrechtes. In: NJW 1958, 1369.
Siegert	Reichen die geltenden gesetzlichen Bestimmungen insbesondere im Hinblick auf die Entwicklung der modernen Nachrichtenmittel aus, um das Privatleben gegen Indiskretion zu schützen? In: Verhandlungen des 42. Deutschen Juristentages, Bd. II D, 1959.
Stenographische Berichte	über die Verhandlungen des Reichstages des Norddeutschen Bundes, Bd. 2, 1870.
Spanner	Art. 5 GG und die Ordnung des Rundfunks in materiell-rechtlicher Hinsicht — Nicht veröffentlichtes Rechtsgutachten. Januar 1959.
—	Die Möglichkeit eines staatlichen (Bundes-) Einflusses auf die von privater Hand gestalteten Fernsehprogramme — Nicht veröffentlichtes Rechtsgutachten, Mai 1959 = Fernsehen.
Süss	Geheimsphäre und moderne Technik. In: Festschrift für H. Lehmann, Bd. I, 1956, S. 186 ff.
Tönnies	Kritik der öffentlichen Meinung, 1922.
Ulmer	Urheber- und Verlagsrecht, 1951.
Weber, Werner	Zur Rechtslage des Rundfunks. In: Der Rundfunk im politischen und geistigen Raum des Volkes. Denkschrift der Rundfunkschule des NWDR. 1952, S. 64 ff.
—	Spannungen und Kräfte im Westdeutschen Verfassungssystem. 2. Aufl. 1958 = Spannungen.

Weitnauer — Persönlichkeitsschutz und Meinungsfreiheit. In: NJW 1959, 313 ff. = Persönlichkeitsschutz.

— Zivilrechtlicher Ehrenschutz und Schutz der gewerblichen Sphäre. In: Betrieb 1959, S. 1187 = Zivilrechtlicher Ehrenschutz.

— Neuordnung des zivilrechtlichen Persönlichkeits- und Ehrenschutzes. In: Betrieb 1959, S. 45 ff. = Neuordnung.

— Bedenken gegen den Entwurf eines Persönlichkeits- und Ehrenschutzgesetzes. In: UFITA 31, 219 ff. = UFITA.

Welzel — Das Deutsche Strafrecht. 8. Aufl. 1963.

Wintrich — Zur Problematik der Grundrechte. Heft 71 der Arbeitsgemeinschaft für Forschung des Landes Nordrhein-Westfalen, 1957.

ABKÜRZUNGSVERZEICHNIS

a. A.	anderer Ansicht
AcP	Archiv für civilistische Praxis
BB	Betriebsberater
BGBl	Bundesgesetzblatt
BGH	Bundesgerichtshof
BGHSt	Entscheidungen des Bundesgerichtshofes für Strafsachen
BGHZ	Entscheidungen des Bundesgerichtshofes für Zivilsachen
BT	Bundestag
BVerfG	Bundesverfassungsgericht
BVerwG	Bundesverwaltungsgericht
DVBl	Deutsches Verwaltungsblatt
GG	Grundgesetz für die Bundesrepublik Deutschland
HChE	Herrenchiemseer Entwurf
JZ	Juristenzeitung
KUG	Gesetz betr. das Urheberrecht an Werken der bildenden Künste und der Photographie
MDR	Monatsschrift für Deutsches Recht
NJW	Neue Juristische Wochenschrift
OLG	Oberlandesgericht
OVG	Oberverwaltungsgericht
RG	Reichsgericht
RGSt	Entscheidungen des Reichsgerichts in Strafsachen
RGZ	Entscheidungen des Reichsgerichts in Zivilsachen
RPG	Reichsgesetz über die Presse
RStW	Recht, Staat, Wirtschaft, 4 Bde., hrsg. von Wandersleb, Düsseldorf
UFITA	Archiv für Urheber-, Film-, Funk- und Theaterrecht
ZStW	Zeitschrift für die gesamte Strafrechtswissenschaft

§ 1.

Einleitung

„Ich glaube, die Fähigkeit für edlere Empfindungen ist bei den meisten eine sehr zarte Pflanze, die leicht stirbt, und nicht nur durch feindliche Einflüsse, sondern auch schon durch das Ausbleiben der Pflege ... Menschen verlieren den Sinn für das Höhere durch den Verlust des geistigen Geschmacks, weil sie keine Zeit haben oder keine Gelegenheit, sich darin zu üben. Sie geben sich niedrigen Vergnügungen hin, nicht weil sie diesen bewußt den Vorzug geben, sondern weil es entweder die einzigen sind, zu denen sie Zutritt haben oder darin sie noch fähig sind, zu genießen ...“

John Stuart Mill

Angeregt durch einen Beschluß des 42. Deutschen Juristentages[1] legte das Bundesjustizministerium im Sommer des Jahres 1958 den Referentenentwurf eines „Gesetzes zur Neuordnung des zivilrechtlichen Persönlichkeits- und Ehrenschutzes“ vor[2]. Dieser Entwurf wurde im August 1959[3] in mehrfach revidierter und zum Teil veränderter Fassung nach seinem ersten Durchgang beim Bundesrat durch die Bundesregierung dem Bundestag vorgelegt[4].

Seit dieser Zeit steht die Problematik des Persönlichkeits- und Ehrenschutzes einerseits und die der Meinungsfreiheit andererseits im Mittelpunkt einer manchmal sehr polemisch und unsachlich geführten Auseinandersetzung in der Öffentlichkeit[5].

---

[1] In Verhandlungen des 42. Deutschen Juristentages, Bd. II D, 1959, S. 155.

[2] In: Persönlichkeitsschutz und Meinungsfreiheit, Schriftenreihe der Deutschen Gesellschaft für Publizistik, Bd. 1, 1959, 57 ff.

[3] Nach einer heftigen Pressekampagne — dazu Hirsch, a. a. O. passim.

[4] Drucksache 1237, Deutscher Bundestag, 3. Wahlperiode.

[5] Vgl. dazu besonders: Hirsch, Maulkorb für die Presse? (Mit Presse-Zitaten zum vorgenannten Entwurf) Berlin 1959; Löffler, und andere in: Persönlichkeitsschutz und Meinungsfreiheit, München 1959; Erdsiek, „Umwelt und Recht“ in NJW 58, 1719; ders., Der Regierungsentwurf zum Persönlichkeits- und Ehrenschutzgesetz, UFITA 29, 1 ff.; Koebel, Allgemeines Persönlichkeitsrecht und Gesetzgeber, JZ 59, 276; ders., Der Entwurf eines Gesetzes

Diese Arbeit sieht ihre Aufgaben darin, einesteils einen Beitrag zu Begriff, Wesen und Bedeutung des Rundfunks und des Fernsehens als moderner Massenkommunikationsmittel, zum anderen, einen solchen zu den Fragen des Persönlichkeits- und Ehrenschutzes zu leisten.

Es würde allerdings den für diese Arbeit gefaßten Rahmen sprengen, wenn hier auf die gesamten Fragen des *zivilrechtlichen* Persönlichkeits- und Ehrenschutzes eingegangen würde. Die Problematik dieses Rechtsbereiches ist so vielgestaltig, daß es mehrerer wissenschaftlicher Abhandlungen bedürfte, um ihr wirklich gerecht werden zu können.

An dieser Stelle soll daher hauptsächlich die Problematik des *strafrechtlichen* Persönlichkeits- und Ehrenschutzes — zum Teil auch in Beziehung auf den entsprechenden Schutz des Menschen in anderen Ländern — behandelt werden.

Um andererseits jedoch die Bedeutung der zivilrechtlichen Seite des Persönlichkeits- und Ehrenschutzes zu würdigen, wird hier auf Literatur und Rechtsprechung zu den Fragen des Persönlichkeitsrechtes und denen des zivilrechtlichen Persönlichkeits- und Ehrenschutzes hingewiesen[6].

---

zur Neuordnung des zivilrechtlichen Persönlichkeits- und Ehrenschutzes, JZ 59, 513; LARENZ, Der Persönlichkeitsschutz. Eine Forderung an den Gesetzgeber, Bulletin der Bundesregierung, 1959, Nr. 117; LEINWEBER, Grundfragen des zivilrechtlichen Persönlichkeits- und Ehrenschutzes, GRUR 60, 17; LÖFFLER, Persönlichkeitsschutz und Meinungsfreiheit, NJW 59, 1; dazu WEITNAUER, Persönlichkeitsschutz und Meinungsfreiheit. Eine Entgegnung. NJW 59, 313; LÖFFLER, Die Bedenken gegen den Entwurf des Persönlichkeits- und Ehrenschutzgesetzes, UFITA 30, 69; dazu WEITNAUER in UFITA 31, 219; NEUMANN, Zum Entwurf eines Gesetzes über den zivilrechtlichen Ehrenschutz, UFITA 30, 82; NEUMANN-DUESBERG, Die Freiheit der Meinungsäußerung nach dem Persönlichkeitsrechtsentwurf, UFITA 30, 66; REINHARDT, Der Streit um den Persönlichkeitsschutz nach dem Referentenentwurf des Bundesjustizministeriums, JZ 59, 41; ders., Persönlichkeitsschutz und Meinungsfreiheit, Tübingen 1961; SCHMIDT-OSTEN, Die Presse und der Rechtsschutz der Persönlichkeit, Das Recht der Presse, Beilage Nr. 18/58 zu „Der Journalist" Heft 11, 1958; ders., Probleme des Persönlichkeits- und Ehrenschutzes, Das Recht der Presse, Beilage Nr. 22/1959 zu „Der Journalist" Heft 11/1959; WEITNAUER, Neuordnung des zivilrechtlichen Persönlichkeits- und Ehrenschutzes, Betrieb 59, 45; ders., Zivilrechtlicher Ehrenschutz und Schutz der gewerblichen Sphäre, Betrieb 1959, 1187; NEUMANN-DUESBERG, Ehrenrecht und Presserecht, NJW 60, 749; dazu WEITNAUER in NJW 60, 1142; SCHÜLE-HUBER, Persönlichkeitsschutz und Pressefreiheit, Gutachten, herausgegeben vom Bundesministerium der Justiz, Tübingen 1960; Protokolle der Tagung für Juristen und Journalisten, veranstaltet von der Evangelischen Akademie in Bad Boll, Oktober 1961; NEUMANN-DUESBERG, Kodifizierung des zivilrechtlichen Persönlichkeitsschutzes im BGB, JZ 1961, 252; ERDSIEK, Zur Entwicklung im allgemeinen Persönlichkeitsrecht („Umwelt und Recht") NJW 62, 622.

[6] a) *Literatur:* vgl. die unter [5] genannten Quellen. Ferner: Zu den Fragen des allgemeinen Persönlichkeitsrechtes die reichhaltigen Nachweise bei NIPPER-

DEY in Enneccerus-Nipperdey, 1. Bd., 15. Aufl., S. 577; ders. auch in UFITA 30, 3 ff.;

Weiter: NEUMANN-DUESBERG, Das gesprochene Wort im Urheber- und Persönlichkeitsrecht, Münster 1949; BUSSMANN, Persönlichkeitsrecht und Berichterstattung in Presse, Film und Funk, JR 1955, 202; NEUMANN-DUESBERG, Abgrenzbarkeit des allgemeinen Persönlichkeitsrechts und sein Schutz nach § 823 Abs. 1 BGB, NJW 57, 1341; BUSSMANN, Reichen die geltenden gesetzlichen Bestimmungen insbesondere im Hinblick auf die modernen Nachrichtenmittel aus, um das Privatleben gegen Indiskretion zu schützen? Gutachten für den 42. Deutschen Juristentag, Tübingen 1957; SIEBERT, Zur allgemeinen Problematik des Persönlichkeitsrechts, NJW 1958, 1369; NEUMANN-DUESBERG, Bildberichterstattung über absolute und relative Personen der Zeitgeschichte, JZ 1960, 114; COING, Ehrenschutz und Presserecht, Karlsruhe 1960; KÜSTER, Persönlichkeitsschutz und Pressefreiheit, Karlsruhe 1960; GROSSFELD, Die Privatstrafe. Ein Beitrag zum Schutz des allgemeinen Persönlichkeitsrechts. Frankfurt/Main — Berlin 1961; GELDBACH, Pressefreiheit und Persönlichkeitsschutz, Dissertation, Köln 1962; SCHMIDT-DAHLENBURG, Der zivilrechtliche Ehrenschutz in England im Hinblick auf den gegenwärtigen und künftigen Ehrenschutz im deutschen bürgerlichen Recht, Bonn 1962; KIPP, Der Schutz der Persönlichkeitsrechte im modernen Völkerrecht. In: Persönlichkeitsrechtliche Fragen des Internationalen Rechts. Schriftenreihe der Deutschen Gruppe der AAA (Association des Auditeurs et anciens Auditeurs de l'Académie de Droit International de La Haye), Bd. II, Baden-Baden 1962, S. 9; SEIDL-HOHENVELDERN, Die persönliche Ehre und ihr Schutz im internationalen Recht, ebenda S. 27 ff.; LÖFFLER, Steht die Zuerkennung von Schmerzensgeld bei Persönlichkeitsverletzung mit dem geltenden Recht in Einklang? Gutachten, im Auftrag des Spiegel-Verlages, Hamburg 1962; HARTMANN, Persönlichkeitsrecht und Schmerzensgeld, NJW 1962, S. 12 (mit weiteren Zitaten); LÖFFLER, Die Grenzen richterlicher Rechtsfindung beim immateriellen Schadensersatz, NJW 1962, 225; SCHWENK, Umfang und Wirkung von Meinungs- und Pressefreiheit, NJW 1962, 1321; KLINGSPORN, Der zivilrechtliche Persönlichkeitsschutz, Sonderdruck aus dem Bundesanzeiger Nr. 1 vom 3. Januar 1963.

b) *Rechtsprechung:* BVerfGE 7, 198;

BGHZ 13, 334; 15, 249; 20, 345; 24, 72; 24, 200; 26, 52; 26, 349; 27, 284; BGH in NJW 1959, 525; BGHZ 31, 308; BGH in Betrieb 1959, 1191; BGH in JZ 1960, 701; BGH in LM Nr. 5 zu 823; BGH in NJW 61, 1913; (mit Anm. Hubmann in JuS 1963, 98) BGHZ 35, 363 = NJW 1961, 2059 (mit Anm. Mertens in JuS 1962, 261); BGH in JZ 1962, 163; BGH in MDR 1962, 194; BGH in NJW 1962, 32; 152; 243; BGH in MDR 1962, 294, BGH in NJW 1962, 1438 mit Anm. Helle in NJW 1962, 1813; BGH in NJW 1963, 902 (mit Hinweis auf BGHZ 35, 363 — Ersatzfähigkeit des ideellen Schadens bei schweren Persönlichkeitsverletzungen — trotz der im Schrifttum teilweise erhobenen Angriffe); BGH in NJW 1963, 904; BGHZ 3, 270 (zum zivilrechtlichen Ehrenschutz *vor* Anerkennung des allgemeinen Persönlichkeitsrechtes durch den BGH);

Von OLG-Entscheidungen seien genannt: KG in UFITA 21, 331 (Tonbandaufnahmen); OLG Hamburg in NJW 1959, 1784 (Kritik an Gewerbebetrieb); OLG Stuttgart in JZ 1960, 126 (Bildnisschutz); dazu auch OLG München in UFITA 29, 107; OLG Stuttgart in JZ 1962, 93 (Namensschutz); OLG Köln in NJW 1962, 48.

§ 2.

Zum Unterschied zwischen den Mitteln der öffentlichen Meinungsbildung

Unser heutiges Recht auf dem Gebiete der Presse und des Rundfunks basiert im wesentlichen noch darauf, daß die Presse im großen und ganzen einmal das einzige Massenmittel zur Verbreitung von Nachrichten und sonstigen Informationen war. Auch die über die der Nachrichten- und Informationsverbreitung hinausgehende Funktion der Meinungsbildung wurde — wenn man von politischen Zirkeln, „Salons", politischen Versammlungen und anderen kleineren Ebenen des politischen und kulturellen Gedankenaustausches der zurückliegenden Jahrhunderte, der eben nur ganz bestimmte kleinere Kreise von wirklich Interessierten erfassen konnte, absieht — bis zur Erfindung von Rundfunk, Film und Fernsehen nur durch das gedruckte Wort wahrgenommen.

Die Rechtsproblematik eines so großen und einflußreichen Publikationsorganes, wie das des Rundfunks — in diesem Zusammenhange auch das des Fernsehens — bedarf also insofern einer eingehenden Erörterung und wissenschaftlichen Durchleuchtung.

In den Fragen der Meinungsbildung und der Meinungsfreiheit werden meist Rundfunk, Fernsehen und auch Film nur in das über die Presse Gesagte miteinbezogen. So sagt Art. 5 Abs. I, Satz 2 GG, daß sowohl die Pressefreiheit als auch die Freiheit der Berichterstattung durch Rundfunk und Film gewährleistet werden. In dem vorgenannten Entwurf eines „Gesetzes zur Neuordnung des zivilrechtlichen Persönlichkeits- und Ehrenschutzes" werden in den §§ 14, 15 und 20 ebenfalls Rundfunk und Film mit der Presse gleichgesetzt[7]. Schüle[8] stellt fest, daß nach Art. 5 GG Presse, Film, Tonfunk und Fernsehen alle in gleicher Weise an der Freiheit der Meinungsäußerung teilnehmen, sagt jedoch ferner, daß die verfassungsrechtlichen und anderen Rechtsfragen, welche sich vom Standpunkt des jeweiligen Trägers aus ergeben, keinesfalls immer dieselben seien, vor allem nicht in den Einzelheiten. Scheuner[9] kritisiert in diesem Zusammenhange, daß sich die Verfassungen der Länder und des Bundes damit „begnügt" haben, die Rundfunkfreiheit als eine „Ergänzung neben der Pressefreiheit zu gewährleisten", und daß man den besonderen Fragen, welche aus der besonderen Stellung des Rundfunks erwachsen, nicht nachgegangen sei. „Stärker noch als die Presse", so führt Scheuner an anderer Stelle[10] aus, „sind Film und Funk Mittel der öffentlichen Meinungsbeeinflussung, die nicht vom individuellen Recht her allein, sondern von ihrer öffentlichen Funktion aus

---

[7] BT-Drucksache 1237, S. 2/3.

[8] A. a. O. S. 6.

[9] Rundfunkfreiheit a. a. O. S. 353.

[10] Garantien a. a. O. S. 108.

verstanden und rechtlich geordnet werden müssen." Es sei ein Grundproblem der öffentlichen Meinung, ob Funk und Film mehr die wirklichen Stimmungen eines Volkes widerspiegeln oder ob sie eine Beeinflussung der Volksansicht durch Gruppen und Individuen seien und also nicht im Bereiche einer vollen individuellen Freiheit belassen werden könnten[11]. Werner Weber[12] bezeichnet es als einen „problematischen Wert", daß Art. 5 Abs. I Satz 2 GG „die an sich richtig konzipierte ‚Freiheit der Berichterstattung durch Rundfunk' in einem Atemzug mit der Pressefreiheit nennt".

Auch die Rechtsprechung nimmt neuerdings zu dem Problem der Unterscheidung innerhalb der großen Organe der öffentlichen Meinungsbildung Stellung. So führt das Bundesverfassungsgericht in seinem Urteil (Fernsehurteil) vom 28. Februar 1961[13] aus:

„Der Unterschied zwischen Presse und Rundfunk besteht aber darin, daß innerhalb des deutschen Pressewesens eine relativ große Zahl von selbständigen und nach ihrer Tendenz, politischen Färbung oder weltanschaulichen Grundhaltung miteinander konkurrierender Presseerzeugnisse existiert, während im Bereiche des Rundfunks sowohl aus technischen Gründen als auch mit Rücksicht auf den außergewöhnlich großen finanziellen Aufwand die Zahl der Träger solcher Veranstaltungen verhältnismäßig klein bleiben muß."

Trotz der oben aufgezeigten Unterscheidung zwischen den Mitteln der öffentlichen Meinungsbildung und Meinungsbeeinflussung, wie sie vereinzelt bisher in Literatur und Rechtsprechung dargestellt wurde, war und ist die bisherige Behandlung der Materie des Persönlichkeits- und Ehrenschutzes — sowohl auf strafrechtlichem wie auf zivilrechtlichem Gebiete — und auch der Meinungsfreiheit weitgehend am Presserecht orientiert und geht vielfach zu einseitig von den Interessen der Presse aus.

---

[11] Scheuner, Garantien a. a. O. S. 108; im gleichen Sinne Leiling, Rundfunkfreiheit, S. 28, wo er den Rundfunk „fast mehr noch als die Presse ein Forum der freien Meinungsäußerung" nennt; vgl. dazu ferner Mannheim a. a. O. S. 53 f., der ebenfalls Radio, Film und Fernsehen usw. trennt und sie als „Organized Public Persuasion" bezeichnet. Diese Bezeichnung sollte aber nicht — wie bei Scheuner, Garantien, a. a. O., S. 108 — mit „Maschinerie der Erziehung", sondern wohl besser mit „Maschinerie der Überzeugung (Belehrung)" übersetzt werden. Bezeichnend für die Trennung der modernen Massenkommunikationsmittel nach Mannheim ist ferner seine Feststellung auf S. 53: „... It is important ... that every discovery of a major novel social technique demands a new type of organization, which in turn becomes a new power center with peculiar characteristics and independent power dynamics ...".

[12] A. a. O. S. 64.

[13] In NJW 1961, 552.

Die Vergleichssituation des Rundfunks mit der Presse ist also schon *einmal* dahingehend gekennzeichnet, daß das gesamte Material an Literatur und an Entscheidungen so gut wie ganz auf dem Boden des Presserechts erwachsen ist.

Zum *anderen* soll bereits hier festgestellt werden, daß der Rundfunk seinerseits in der Gesetzgebung viel schärfer profiliert ist[14].

Letzten Endes handelt es sich bei den Massenkommunikationsmitteln jedoch um das *gleiche Grundproblem:* Die Abgrenzung und Abwägung der von ihnen wahrgenommenen Interessen mit denen, die sie in Ausübung ihrer Funktionen oder Wahrnehmung ihrer Aufgaben tangieren.

Im Rahmen der Prüfung, auf welche Grundlage sich die Wahrnehmung berechtigter Interessen durch die Rundfunk- und Fernsehanstalten im Vergleich — oder evtl. sogar im Gegensatz — zur Presse stellt, wird nun als erstes erforderlich sein, sich mit dem Rechtsinstitut der Wahrnehmung berechtigter Interessen de lege lata im Grundsatz zu beschäftigen. Gleichzeitig soll in diesem Zusammenhang jedoch auch auf den Schutz der Persönlichkeit de lege ferenda eingegangen werden, wie er sich im Entwurf für ein StGB[15] und — hier zu Vergleichszwecken[16] — im Entwurf für ein zivilrechtliches Gesetz zum Persönlichkeits- und Ehrenschutz[17] ausdrückt.

---

[14] Dazu ausführlich § 13.

[15] E 1962 — Bundesratsdrucksache 200/62; E 1960 — Bundesratsdrucksache 270/60.

[16] Vgl. § 1.

[17] Bundestagsdrucksache 1237.

1. Abschnitt

DIE WAHRNEHMUNG BERECHTIGTER INTERESSEN — DE LEGE LATA —

1. Kapitel

Aufgabe und Bedeutung der Wahrnehmung berechtigter Interessen

§ 3

Kurzer Überblick über Grundgedanken, Entstehung und Rechtsnatur des § 193 StGB

1. Grundgedanke und Entstehung des § 193

Seit dem Inkrafttreten des derzeit geltenden Strafgesetzbuches am 15. Mai 1871 kennt die positive Rechtsordnung den Begriff der Wahrnehmung berechtigter Interessen. Der Grundgedanke dieser Vorschrift jedoch — daß eine Wahrnehmung von Rechten keine rechtswidrige Ehrverletzung zur Folge haben könne — war zu dieser Zeit nicht neu. Er ist bereits nachzulesen in den §§ 552, 557, 562 II 20 des Preußischen Allgemeinen Landrechts von 1794, sowie — darauf fußend — in § 154 des Preußischen Strafgesetzes von 1851. Gestützt auf diese Vorschriften erklärte dann auch § 188 des Entwurfs für ein Reichsstrafgesetz nur solche Ehrverletzungen für straflos, in denen eine Pflicht oder ein Recht zu ehrverletzenden Äußerungen anerkannt wurde. Im Zeitalter des Liberalismus, in dem die Freiheit der Meinungsäußerung sehr hoch eingeschätzt wurde, erschien dem damaligen Gesetzgeber eine Begrenzung als zu eng, die lediglich ehrverletzende Äußerungen dann straflos ließ, wenn sie zur Wahrnehmung von Rechten und Pflichten gemacht wurden. Es war dann ein Antrag, der von den Abgeordneten Bähr und Lasker[18] eingebracht wurde, der die Fassung des § 188 (Entwurf) zum heute geltenden Gesetzestext des § 193 StGB dadurch erweiterte, daß nicht nur die Ausführung oder Verteidigung von Rechten, sondern auch die Wahrnehmung berechtigter Interessen eine Ehrverletzung straflos machen können.

[18] Bülow, GS 48/1, Anm. 1.

Bei der Entstehung und Beratung des § 193 StGB sagte der Abgeordnete Lasker damals wörtlich[19]: „Was ist der Sinn dieser Ausnahme? Daß man bei jemand, der in der Verteidigung einer ihn selbst nahe angehenden Sache irgendwelche Behauptungen macht, annehmen muß, es liege ihm daran, seine Interessen wahrzunehmen mit den Mitteln, die ihm zur Hand sind, und daß er daher nicht die Absicht der Beleidigung habe. Welcher Art diese Interessen sein können, läßt sich nicht mit einem Wort ausdrücken. Das Leben ist so mannigfaltig, daß man eben nichts anderes tun kann, als diese allgemeinen Regeln aufzustellen."

War die Begründung des Grundgedankens — daß eine Wahrnehmung von Rechten und Pflichten nicht ehrverletzend sein könne — nicht sehr kompliziert, da man entweder die erforderliche Beleidigungsabsicht oder die Rechtswidrigkeit verneinte, so war jedoch eine eingehende und umfassende Begründung für die Wahrnehmung auch von „berechtigten Interessen" sehr viel schwieriger. Das genannte Zitat von Lasker — insbesondere der Satz: „Welcher Art diese Interessen sein können, läßt sich nicht mit einem Wort ausdrücken" — ist bezeichnend für die Schwierigkeit in der Begründung und Auslegung der Vorschrift. Seit dieser Zeit gab und gibt daher die vielgestaltige Problematik der Wahrnehmung berechtigter Interessen und die dogmatische Begründung dieser Vorschrift immer wieder Anlaß zu — zum Teil heftigen — Auseinandersetzungen im Schrifttum. Die erste Kennzeichnung der erwähnten Schwierigkeiten dürfte wohl in der „Pilatusfrage" des damaligen Justizministers Leonhard[20]: „Was sind Interessen und was sind berechtigte Interessen?" zu erblicken sein.

Die grundlegende rechtspolitische Bedeutung der Wahrnehmung berechtigter Interessen erkannte bereits Lasker — wie Liepmann[21] feststellt — darin, daß „der Schutz der Wahrnehmung berechtigter Interessen eine Ausnahme gegenüber allgemeinen Rechtsgrundsätzen enthält, ja sogar ‚eine absonderliche Ausnahmestellung gegenüber allen anderen Vergehen, die niemals durch den Zweck ihrer Verübung außer Verantwortung gestellt werden'". Eine zweite Ausnahme von allgemeinen Grundsätzen, die aus § 193 herauszulesen sei, besteht nach Liepmann[22] ferner darin, daß hier „über den Bereich von Rechtspflichten und subjektiven Rechten hinaus bloße „Interessen" privilegiert werden, die nicht schon durch positive Rechtsnormen ... außerhalb des Strafgesetzbuches anerkannt sind ..."

Aufgrund dieser Ausnahmen von allgemeinen Rechtsgrundsätzen — das Außer-Verantwortung-Stellen eines Vergehens durch den Zweck und die Privilegierung bloßer Interessen — könnte man der Wahr-

[19] Stenographische Berichte 1870, S. 647/648.
[20] Zit. nach SEIBERT a. a. O. S. 709.
[21] A. a. O. S. 17.
[22] A. a. O. S. 17

nehmung berechtigter Interessen eine konstitutive Bedeutung beimessen[23]. Die Wahrnehmung berechtigter Interessen ist jedoch nur als deklaratorisch anzusehen[24], denn diese „absonderliche“ Ausnahmevorschrift muß dahingehend aufgefaßt werden, daß hier eine „*Be*sonderheit“ gesetzlich geregelt ist: ein Rechtfertigungsgrund in Form des sogenannten übergesetzlichen Notstandes[25].

2. *Rechtsnatur und Voraussetzungen des § 193 — i. F. nur auf die Wbl im engeren Sinne angewandt*

a) Rechtsnatur des § 193

Bei der Wahrnehmung berechtigter Interessen handelt es sich um einen Fall der „Interessenkollision“. Hier stehen sich gegenüber der Anspruch des in seiner Ehre Angegriffenen auf Achtung und die rechtlich anerkannten Interessen des Angreifers, es handelt sich also — wie das RG[26] richtig formulierte — um einen „Ehrennotstand[27]“. Ein solcher „Ehrennotstand“ im Rahmen der gezeigten Interessenkollision darf jedoch nicht unter die Notstandsfälle des § 54 gerechnet werden. Selbst bei einer weiten Auslegung von § 54 ist die Ausgangsbasis in solchen Fällen und in unserem Falle verschieden: beim „Ehrennotstand“ liegt keine Situation mit „gegenwärtiger Gefahr für Leib und Leben des Täters oder eines Angehörigen“ vor. Der „Notstand“ bei der Wahrnehmung berechtigter Interessen ist — ähnlich wie die Notstandsfälle der §§ 228 und 904 BGB — vielmehr ein Not*recht*[28], zu dessen Ausgleich nur das Prinzip der Güter- und Interessenabwägung herangezogen werden kann. Die vereinzelt bestehende Auffassung[29], daß es sich bei § 193 um einen Schuldausschließungsgrund handelt, ist abzulehnen.

Das RG sagt in seiner grundlegenden Entscheidung RGSt 62, 83 (93), daß „die Anerkennung der Wahrnehmung berechtigter Interessen als *Rechtfertigungsgrund* lediglich eine Anwendung des für Fälle des Notstandes — der „Interessenkollision“ — geltenden Grundsatzes der Güterabwägung sei, dessen ausschlaggebende Bedeutung für die Lösung

---

[23] MEZGER a. a. O. § 37 I, 106; WELZEL a. a. O. (6. Aufl.) § 41 III 2, S. 261; ferner die Begründung zum Ehrenschutzgesetzentwurf a. a. O. S. 12.

[24] So KOHLRAUSCH-LANGE a. a. O. Anm. I zu § 193; ebenso SIEGERT, Notstand und Putativnotstand, 1931, S. 31.

[25] RGSt 61, 243; 62, 138; 64, 104; BGHSt 1, 329; 2, 111; 2, 243; usf., wo auf den Gedanken des § 193 Bezug genommen wird.

[26] RGSt 64, 13.

[27] So auch MEZGER a. a. O. § 37 I, S. 106.

[28] KOHLRAUSCH-LANGE a. a. O. System. Vorbem. III 2 b.

[29] RGSt 64, 23; KLEE a. a. O. S. 371; ZARTMANN, Die Wahrnehmung berechtigter Interessen als Schuldausschließungsgrund, 1933 (StrafrAbh. Heft 330, S. 73).

von Notstandsfällen in der Entscheidung RGSt 61, 242 (254)[30] dargelegt worden ist". Diese Ansicht ist heute herrschende Meinung[31]. Es handelt sich bei § 193 also um einen Sonderfall des allgemeinen Rechtsgedankens der Güter- und Pflichtenabwägung, welcher unter gewissen Voraussetzungen die Rechtswidrigkeit einer Ehrverletzung ausschließen kann.

b) Voraussetzung für § 193

Zur Anwendung von § 193 ist erforderlich, daß sowohl der äußere als auch der innere Tatbestand einer Beleidigung vorliegt. Falls dies nicht zutrifft, kommt § 193 nicht in Betracht[32].

3. *Anwendungsbereich des § 193*

Daß § 193 *nur* bei Tatbeständen innerhalb des Beleidigungsbereiches eingreifen kann, ist unbestritten[33]. Grundsätzlich nicht anwendbar ist § 193 bei einer Verleumdung (§ 187), sowie bei § 189, was jedoch zum Teil bestritten wird[34]. Bei § 185 soll die Bestimmung nur dann zutreffen können, wenn es sich um tätliche Beleidigungen oder solche, die *durch* ihren Inhalt beleidigend sind, handelt, nicht jedoch bei rein formalen Beleidigungen[35].

---

[30] Nach dieser Entscheidung ist bei der Güterabwägung von den Wertungen auszugehen, die in den zum Schutz der Rechtsgüter erlassenen Strafdrohungen des geltenden Rechts ihren allgemeinen Ausdruck gefunden haben. — Seit dieser Entscheidung ist der Gedanke der Güterabwägung zu einem allgemein anerkannten übergesetzlichen Unrechtsausschließungsgrund im Strafrecht geworden: RGSt 62, 137 (138); 64, 101 (104); BGHSt 1, 329 (330f.); 2, 111 (114); 2, 244 usf.

[31] RGSt 59, 414 (415); 63, 202 (204); 64, 10 (13); 65, 422 (427); 66, 1; BGHZ 3, 270 (281); 8, 142 (145); BGH in MDR 1953, 401; BGH in Betrieb 1959, 1191; MAURACH a. a. O. S. 141; MEZGER a. a. O. § 37 I; FRANK a. a. O Anm. III 2 zu § 193; KOHLRAUSCH-LANGE a. a. O. Anm. I zu § 193; LÖFFLER, Kommentar, Nr. 3 zu § 193; OLSHAUSEN a. a. O. Anm. I zu § 193; SCHÖNKE-SCHRÖDER a. a. O. Anm. I zu § 193; SCHWARZ a. a. O. Anm. I zu § 193; HELLE a. a. O. S. 39.

[32] So SCHÖNKE-SCHRÖDER a. a. O. Anm. II zu § 193; OLSHAUSEN a. a. O. Anm. I zu § 193; *a. A.* SCHAEFER in LK Anm. II 1 zu § 193.

[33] RG in JW 1939, 400; SCHÖNKE-SCHRÖDER a. a. O. Anm. II, 3 zu § 193; KOHLRAUSCH-LANGE a. a. O. Anm. II zu § 193.

[34] Dazu ausführlich REHBINDER a. a. O. S. 19 mit Hinweisen.

[35] KOHLRAUSCH-LANGE a. a. O. Anm. II zu § 193; SCHÖNKE-SCHRÖDER a. a. O. Anm. II 1 zu § 193; Richtig ist wohl — wie REHBINDER a. a. O., S. 19 herausstellt — bei der Anwendung des § 193 auch im Hinblick auf § 185 darauf abzustellen, welche Absicht der Täter verfolgte. Ging es ihm lediglich darum, zu beleidigen, dann fehlt die Absicht, den vorliegenden Interessenkonflikt zu lösen, es fehlt der Wille zur Abwägung. Und nach OEHLER (a. a. O. S. 173) ist die richtige Güterabwägung „eben ausschließlich möglich, wenn sie aus einem Willen, der entsprechenden Pflicht nachzukommen, erzeugt wird".

Das Hauptanwendungsgebiet von § 193 sind Fälle des § 186. Kommt in solchen Fällen ein Wahrheitsbeweis in Frage, so darf § 193 erst in Betracht gezogen werden, wenn dieser Wahrheitsbeweis mißlungen ist[36]. Eine zutreffende Begründung hierfür gibt Lange[37], wenn er feststellt, daß es „unzulässig wäre und hieße, den Ehrenschutz in den wichtigsten Fällen versagen, wenn ein Angeklagter aus § 193 freigesprochen würde mit der Begründung: die Wahrheit der ehrenrührigen Behauptung könne dahingestellt bleiben, da ein Freispruch selbst für den Fall ihrer Unwahrheit ergehen müsse".

Im Bereich des allgemeinen Persönlichkeitsrechts findet der in § 193 festgelegte Grundsatz der Güter- und Interessenabwägung vor allem in den §§ 14 und 15 des Entwurfs eines „Gesetzes zur Neuordnung des zivilrechtlichen Persönlichkeits- und Ehrenschutzes" seinen Niederschlag[38].

Auch in Gesetzen und Bestimmungen, die Belange aus dem Bereich der Wirtschaft regeln, wird heute der Gedanke des § 193 angewandt. Hier sind zu nennen die Anschwärzung in § 14 II UWG und die Kreditgefährdung in § 824 II BGB. Zwar ist die Wahrnehmung von berechtigten Interessen bei diesen Vorschriften weitergehend als bei § 193, sie erfährt in der Praxis jedoch meist eine einengende Auslegung[39].

2. Kapitel

Zur Auslegung der „berechtigten" Wahrnehmung berechtigter Interessen

§ 4

Zur Begriffsbildung der berechtigten Interessen

„Was sind Interessen und was sind berechtigte Interessen?" Mit dieser Frage wurde — wie schon erwähnt[40] — bereits bei der Beratung des § 193

In der richtigen Abwägung, hinter der „der Wille des Täters, die Pflicht zu erfüllen, stehen muß, weil sonst bei günstigem Ausgang der Güterkollision nur ein Zufall vorläge", sieht Oehler (a. a. O. S. 172) mit Recht — neben dem Rettungszweck einen allgemeinen Grund für den Ausschluß der Rechtswidrigkeit. — Zur strafbaren *Form* der beleidigenden Äußerung stellt Lange (Kohlrausch-Lange a. a. O. Anm. IX zu § 193) bei der Anwendung von § 193 auf § 185 mit Recht auf das „überschießende Moment" — so RGSt 10, 361 — ab.

[36] BGHSt 4, 198; 7, 392; 11, 273; Maurach a. a. O. S. 143; Kohlrausch-Lange a. a. O. Anm. II zu § 193; Schönke-Schröder a. a. O. Anm. II 1 zu § 193.

[37] In: Kohlrausch-Lange a. a. O. Anm. II zu § 193.

[38] BT-Drucksache 1237, S. 2; vgl. ferner die ausführliche Begründung daselbst — S. 16 ff.

[39] Vgl. Kohlrausch-Lange a. a. O. Anm. II zu § 193; Palandt a. a. O. Anm. 6 a zu § 824 mit Hinweisen aus der Rechtsprechung.

[40] Vgl. § 3, Fußnote 20.

auf eines der Hauptprobleme dieser Vorschrift hingewiesen. Für eine Beantwortung ist als erstes eine Untersuchung darüber erforderlich, was unter dem Begriff „Interesse" überhaupt zu verstehen ist.

1. Der Begriff des Interesses

Eine Feststellung von Welzel[41], die Bezeichnung „Interesse" sei auch sprachlich der ärgste Proteus und vermöge wie kein anderes Wort begrifflich über alles einen Schleier des Halbdunkels zu legen, der um so gefährlicher sei, als er nicht ganz verdunkle, sondern scheinbar die Dinge zu unterscheiden zulasse, zeigt deutlich, welche Schwierigkeiten bei einer Definition des Begriffes „Interesse" auftreten können. Vielfach sind die Definitionen des genannten Begriffes rein subjektiv bedingt. So versteht Müller-Erzbach[42] unter „Interesse" das „Begehren", das „Bedürfnis", für Frank[43] ist es der „Wert, den man einem bestimmten Ereignis oder Zustand beimißt", für Kohler[44] ein „Lebenszweck".

Solche subjektiv bestimmten Definitionen können jedoch naturgemäß für einen objektiv-rechtlichen Vergleichsmaßstab nicht maßgebend sein, da — bei einer Auslegung des „Interesses" als Begehren oder Bedürfnis z. B. — im Zweifelsfalle jede der streitenden Parteien ihr Bedürfnis für das wichtigere hält. Hubmann[45] dagegen fordert zu Recht eine teleologische Betrachtungsweise als Bewertungsfaktor bei Interessen. Er versteht unter „Interesse" ein „Streben nach Gütern und Werten und die Sorge um ihre Erhaltung". Das Wesentliche sei das *Ziel,* auf das sich das Bedürfnis richte[46].

Nun verlangt jedoch der Wortlaut des § 193, daß *berechtigte,* also im rechtlichen Sinne schutzwürdige Interessen vorliegen müssen, um eine Ehrverletzung straflos machen zu können. Es wird deshalb erforderlich sein, hier die Begriffsbestimmung des schutzwürdigen, des rechtlich anerkannten Interesses herauszustellen.

2. Berechtigung und Schutzwürdigkeit des Interesses

Seit der Entscheidung des RG in RGSt 15, 15 (17) wird bei der Interessenwahrnehmung zwischen einer subjektiven und einer objektiven Berechtigung unterschieden. Der Wahrnehmende muß nicht nur subjektiv zur Wahrnehmung berechtigter Interessen befugt sein; es muß auch

---

[41] In: ZStW 58, 509 — entnommen HUBMANN, Interessenabwägung, a. a. O. S. 95.

[42] In: Die Rechtswissenschaft im Umbau, S. 40/41.

[43] A. a. O. III 2 a zu § 193.

[44] In: Ehre und Beleidigung, GA 47, 1, S. 101.

[45] Interessenabwägung a. a. O. S. 96.

[46] HUBMANN, Interessenabwägung, a. a. O.

eine objektive Begrenzung des Kreises der vom Gesetz berücksichtigten Interessen vorliegen. Das RG bezeichnet in RGSt 15, 17 als objektiv berechtigte Interessen zu Recht nur solche, welche das Recht, und zwar auch gegenüber dem Recht auf Achtung der Person anerkennt. Unter objektivem Interesse ist daher jedes Interesse zu verstehen, das von der Rechtsordnung als schutzwürdig anerkannt ist. Schutzwürdig sind aber nicht nur die Interessen, die „durch positive Rechtsnorm dem Recht anderer auf Achtung gleich- oder vorangestellt sind, sondern alle, deren Verfolgung dem Recht oder den guten Sitten nicht zuwiderlaufen[47]". Dabei kann es sich um Interessen öffentlicher oder privater, ideeller oder vermögensrechtlicher Natur handeln. „Eine positive Bestimmung des ‚berechtigten Interesses' liegt", wie Lange[48] feststellt, „in alledem nicht", und es ist in diesem Zusammenhange kennzeichnend, daß zur Bestimmung des Begriffes „berechtigte Interessen" nicht nur rechtliche, sondern auch außerhalb des Rechts liegende Wertmaßstäbe angewandt werden müssen. Dies kommt zum Ausdruck durch Bestimmungen wie „dem Recht oder den guten Sitten nicht zuwiderlaufen" oder „Anschauungen der ‚anständigen Leute' davon, was im sozialen Verkehr zwischen den Rechtsgenossen ‚sich gehört'[49]". Solche Bestimmungen ergeben sich in der Hauptsache aus mehr sozialethischen oder — um ein „modernes" und zugleich minder anspruchsvolles Wort zu gebrauchen — „sozialadäquaten" Gesichtspunkten. Das Recht übernimmt hier — wie z. B. auch in § 242 BGB — Wertungen aus anderen Normbereichen und macht sie sich zu eigen.

Nun muß aber nicht nur das Interesse, sondern auch dessen „beleidigende" Wahrnehmung „berechtigt" — also vom Recht anerkannt — sein[50]. Würde man eine solche Forderung nicht anerkennen, „wäre die Ehre des einzelnen sowohl der Presse als auch jedem Dritten schutzlos preisgegeben[51]" und der Zweck der Wahrnehmung würde tatsächlich jedes der dabei angewandten Mittel heiligen.

Um dieses Kernproblem des § 193, dem unseres Erachtens gerade wegen der Unsicherheit in der rechtlichen Bestimmung des Begriffes „berechtigtes Interesse" eine erhöhte Bedeutung zugemessen werden muß,

---

[47] Vgl. Kohlrausch-Lange a. a. O. Anm. IV 1 zu § 193; Schönke-Schröder a. a. O. Anm. III 3a zu § 193; Frank a. a. O. Anm. III 2a zu § 193; Mezger a. a. O. § 37 II 2; Kern, Ehrenschutz, a. a. O. S. 316; BVerfGE 7, 198 (215); RGSt 26, 76; 29, 17; 29, 147; 30, 41; 59, 414.

[48] In: Kohlrausch-Lange a. a. O. Anm. IV 1 zu § 193.

[49] BVerfGE 7, 198 (215).

[50] Kohlrausch-Lange a. a. O. Anm. IV zu § 193; Schwarz a. a. O. Anm. 5 zu § 193; Maurach a. a. O. § 19 II C 2b; RGSt 63, 229 (mit Übersicht der Rechtspr. des RG).

[51] Kohlrausch-Lange a. a. O. Anm. IV zu § 193.

hier herausarbeiten zu können[52], soll zuvor noch auf die von Rechtsprechung und Lehre[53] erarbeiteten Voraussetzungen für die Wahrnehmung berechtigter Interessen eingegangen werden.

§ 5

Wahrnehmung der berechtigten Interessen

Berechtigte Interessen, die auf Kosten der Ehre anderer gehen, dürfen also nur wahrgenommen werden, wenn

1. sie den Täter persönlich nahe angehen;
2. die Ehrverletzung zur Interessenwahrnehmung erforderlich war;
3. die Behauptung der ehrenrührigen Tatsachen nicht leichtfertig, nur auf haltlose Vermutungen hin, geschah.

Ferner muß

4. die Äußerung *zur* Wahrnehmung der berechtigten Interessen gemacht werden.

1. Die Beziehung des Angreifers zum Interesse

Die Stellung des Angreifers zum wahrgenommenen Interesse ist seit der Schaffung des § 193 durch den Gesetzgeber umstritten. Es ging vor allem um die Frage, ob nur eigene Interessen oder auch fremde Interessen und Interessen der Allgemeinheit wahrgenommen werden dürfen. Das RG hatte bis in die Mitte der 80er Jahre des vorigen Jahrhunderts nicht zwischen eigenen und fremden Interessen unterschieden. Es genügte ihm, wenn der Äußernde allein aus sittlichen Motiven sich des berechtigten Interesses eines anderen angenommen hatte[54]. Selbst in der grundlegenden Entscheidung RGSt 15, 17, die zwischen einer objektiven und einer subjektiven Berechtigung zur Interessenwahrnehmung unterschied, ist nichts über das eigentliche Verhältnis des Angreifers zum Interesse gesagt. Erst mit der Entscheidung RGSt 23, 285 änderte das RG seine diesbezügliche Ansicht dahingehend, daß es die subjektive Berechtigung bei der Wahrnehmung anderer als eigener Interessen nur in solchen Fällen für gegeben sah, in denen diese Interessen den Täter nahe angingen, wobei sich die Entscheidung auf das Zitat Laskers[55] bei den Beratungen des § 193 im Reichstag stützen kann. Seit dieser Zeit ist es ein Erfordernis seitens

---

[52] Vgl. unten § 6 f.

[53] Mezger a. a. O. § 37 II 2; Kohlrausch-Lange a. a. O. Anm. IV 2 zu § 193; Schönke-Schröder a. a. O. Anm. III 3 zu § 193; Schwarz a. a. O. Anm. 5 zu 193.

[54] So Mattil a. a. O. S. 63 und die dort zitierten Entscheidungen des RG: RGSt 2, 252 (253); 5, 121 (123) u. a.

[55] Vgl. § 3, Fußnote 19.

der Rechtsprechung, daß das wahrgenommene Interesse entweder rein persönlich ist oder aber den Täter nahe angeht[56].

Ein großer Teil der Literatur und der Rechtslehre lehnt dieses Erfordernis des RG, das „Nahe-Angehen", ab[57]. Darin liege eine „kurzsichtige Gesetzesanwendung[58]", eine Einschränkung, zu der das Gesetz keinen Anhalt gebe[59]. Mit Recht weist Rehbinder[60] jedoch darauf hin, daß es — vor allem in der neueren Literatur — an einer weitergehenden Begründung für diese Ablehnung fehle; die neuere Literatur beschäftige sich an dieser Stelle „regelmäßig nur mit der Berechtigung des einzelnen zur Wahrnehmung der Belange der Allgemeinheit", die Frage nach der Berechtigung zur Wahrnehmung fremder privater Interessen werde gar nicht berührt. Doch ist gerade auch diese Frage in der heutigen Zeit von großer Wichtigkeit. Wenn v. Bülow[61] schon vor einer Reihe von Jahren darauf hinwies, daß es Menschen gäbe, die den Beruf zu haben glauben, sich als allgemeine Sittenrichter aufspielen zu müssen, so ist diese Feststellung heute noch schwerwiegender. Der Trend eines gewissen Teils der modernen Presse, als eine Art „Sittenrichter" auf ihre Leser einzuwirken, wird einen diesbezüglichen Hang des Einzelnen nicht gerade abschwächen. Mit aus diesen Gründen wird das Erfordernis des „Nahe-Gehens" von einem anderen großen Teil des Schrifttums gebilligt[62].

Entscheidend jedoch ist die Feststellung, die Engelhard[63] zu der Problematik des „Nahe-Angehens" getroffen hat. Er weist mit Recht darauf hin, daß es sich nicht darum handle, ob man ganz allgemein fremde Interessen wahrnehmen darf, sondern darum, ob man fremde Ehre *zu Unrecht* angreifen darf, um die Interessen Dritter wahrzunehmen.

2. *Die Erforderlichkeit der Ehrverletzung*

Als weitere Voraussetzung zur Wahrnehmung berechtigter Interessen muß hinzukommen, daß die Handlungsweise des Täters sich als das

[56] RGSt 23, 422; 25, 68; 25, 365; 30, 42; 36, 422; 47, 171; 59, 416; 63, 231; BGHZ 3, 282; BayObIG St, JMBl Bay. 1952, 44.

[57] Binding, Lehrbuch, a. a. O. S. 153 f.; Frank a. a. O. Anm. III 2b zu § 193; Maurach a. a. O. S. 144; Mezger a. a. O. S. 107; Schaefer in LK a. a. O. Anm. III 2 zu § 193; Schönke-Schröder a. a. O. Anm. III 3b zu § 193; Welzel a. a. O. S. 273; Klee a. a. O. S. 380.

[58] Liepmann a. a. O. S. 22.

[59] Mezger a. a. O. S. 107.

[60] A. a. O. S. 33.

[61] In: GS 46, 261 ff.

[62] Engelhard a. a. O. S. 138 ff.; Helle a. a. O. S. 37; Kohlrausch-Lange a. a. O. Anm. IV 2a zu § 193; Liepmann a. a. O. S. 17; Mattil a. a. O. S. 99; Neumann-Duesberg, Presseberichterstattung, a. a. O. S. 24 ff.; Schierloh a. a. O. S. 82 ff.; Schwarz a. a. O. Anm. 5 A b zu § 193.

[63] A. a. O. S. 139. Diese Ausführungen wurden von Liepmann a. a. O. S. 22 übernommen.

„angemessene Mittel zur Erreichung dieses Zweckes" darstellt[64]. Überschreitet ein Täter die Grenzen des Angemessenen und Erforderlichen, indem er bei Auswahl und Anwendung seines Mittels nicht „maßvoll"[65] ist, so stört er dadurch die Verhältnismäßigkeit von Mittel und Zweck, deren zusätzliches Vorhandensein bei der Güterabwägung Schröder[66] zu Recht fordert. Bei einem Angriff auf die Ehre eines anderen sollte — was einem natürlichen Rechtsempfinden entsprechen würde — die geringste Rechtsverletzung durch das schwächste geeignete Mittel gewählt werden. Die Notwendigkeit der größtmöglichen Schonung bei einer Ehrverletzung im Rahmen des § 193 wird heute in Rechtsprechung und Lehre größtenteils anerkannt[67].

3. *Informationspflicht*

Wenn die Behauptung einer ehrenrührigen Tatsache leichtfertig, lediglich auf haltlose Vermutungen hin geschieht, kann der Rechtfertigungsgrund des § 193 nach Ansicht des RG[68] nicht Platz greifen, da Äußerungen dieser Art zur Wahrung der eigenen Interessen den „Anforderungen von Recht und Sittlichkeit zuwider" liefen. Das RG stellte deshalb — als eine weitere Voraussetzung für die Zubilligung des § 193 — eine Prüfungs- und Informationspflicht auf, die sich auf die Angemessenheit des Mittels, der Berechtigung zur Wahrnehmung von bestimmten Interessen, der Richtigkeit der vorausgesetzten Sachlage und vor allem der Richtigkeit der behaupteten Tatsache erstreckt[69]. Diese Informationspflicht als Voraussetzung für eine Wahrnehmung von berechtigten Interessen ist heute herrschende Meinung[70]. Leichtfertige Be-

---

[64] Schönke-Schröder a. a. O. Anm. III 3 b zu § 193; Ebenso Helle a. a. O. S. 40; Kohlrausch-Lange a. a. O. Anm. IV 2 b zu § 193; Olshausen a. a. O. Anm. 5 b zu § 193; Schaefer in LK a. a. O. Anm. III 1 A b zu § 193; RGSt 23, 146; 42, 443; 59, 172; BGH in MDR 1953, 401.

[65] RGSt 23, 146.

[66] In: Schönke-Schröder a. a. O. Vorbem. III 9 vor § 51; ebenso Schaefer in LK a. a. O. III 2 zu § 185.

[67] RGSt 42, 443; BGHZ in MDR 1956, 734; BGHZ 3, 281; 31, 308; BayOblG in JMBl Bay. 1952, 44; OLG Stuttgart in JZ 1960, 126 ff.; OLG München, UFITA 29, 107; Kohlrausch-Lange a. a. O. Anm. IV zu § 193; Neumann-Duesberg a. a. O. (Mißbrauch) S. 87; Enneccerus-Nipperdey a. a. O. S. 590; Löffler, Kommentar, a. a. O. Nr. 15 zu § 193, der jedoch die Anwendung in der Praxis als zu weitgehend ansieht, § 193 dann zu versagen, wenn das Mittel zwar angemessen, aber noch andere, glimpflichere Mittel zu Gebote stehen. Hier ist allerdings zu fragen, ob das erstgenannte Mittel dann noch angemessen sein kann!

[68] RGSt 66, 1 (2).

[69] RGSt 63, 92 (94); 63, 202 (204); 66, 1 (2).

[70] BGHSt 3, 75; BGH in NJW 52, 194 und 53, 1722; BGHZ 31, 313; BGH in NJW 60, 779; BGH in NJW 63, 666; BVerfG in NJW 61, 822; Kohlrausch-

hauptungen von ehrenrührigen Tatsachen würden jedoch nicht *nur* sich gegen Recht und Sitte in diesem Zusammenhange stellen, sie würden auch eine echte Abwägung der Interessen unmöglich machen[71], die eine der Voraussetzungen für die Zubilligung des Rechts der Interessenwahrnehmung ist. Wie Oehler[72] folgerichtig feststellt, ist eine echte Interessenabwägung „nur nach genügender Information möglich[73]". Die Pflicht zur Abwägung habe nicht nur eine subjektive Seite — der Täter muß diese Pflicht erfüllen wollen — sie sei auch objektiv bedingt, und zwar in der Weise, daß der Täter ordnungsgemäß „auf Grund genügender Erkundigungen abwägt".

Über diese allgemein bestehende Informationspflicht hinaus ist der Ansicht des RG[74] und der an diese Rechtsprechung sich anschließenden Meinung des BGH[75] zuzustimmen, welche an die Pflicht zur Nachprüfung der Vorgänge bei *öffentlichen* Beleidigungen strenge Anforderungen stellen, da immer beachtet werden sollte, daß sich eine in der Öffentlichkeit erhobene ehrverletzende Beschuldigung normalerweise deshalb besonders nachteilig für den Betroffenen auswirkt, weil sie einem „unbestimmt großen Kreis von Personen zugänglich gemacht werden, die nicht in der Lage sind, die Beschuldigungen nachzuprüfen und sich ein eigenes Urteil zu bilden[76]".

Die Forderung, strenge Maßstäbe an die Pflicht zur Nachprüfung von öffentlich behaupteten ehrenrührigen Tatsachen anzulegen, bedeutet jedoch andererseits nicht, daß eine solche Pflicht überspannt werden sollte. In diesem Zusammenhange halten wir die Begründung des Entwurfs eines „Gesetzes zur Neuordnung des zivilrechtlichen Persönlichkeits- und Ehrenschutzes"[77] für zu weitgehend[78]. Danach sollen „ehrenrührige Vorwürfe erst dann veröffentlicht werden dürfen, wenn der Versuch einer Klärung des Sachverhaltes durch die in erster Linie dazu berufenen Stellen ergebnislos war oder keine Aussicht auf Erfolg verspricht". Was diese Forderung bei objektiver Betrachtung von behörd-

---

Lange a. a. O. Anm. IV 2c zu § 193; Schaefer in LK a. a. O. Anm. III 1 B zu § 193; Schönke-Schröder a. a. O. Anm. III 3a zu § 193; Löffler, Kommentar, a. a. O. Nr. 17 zu § 193; Maurach a. a. O. § 19 II C 3 c; Helle a. a. O. S. 41; Erdsiek, Regierungsentwurf, a. a. O. S. 11; *a. A.* Dahm in JW 32, 2157; Graf zu Dohna in JW 33, 961; v. Weber in JW 32, 3077.

[71] Vgl. oben § 3, 3, Fußnote 35.

[72] A. a. O. S. 172.

[73] Oehler a. a. O. S. 172 mit Hinweis auf Kohlrausch-Lange a. a. O. Anm. IV 2 zu § 193.

[74] RGSt 63, 92 (94); 63, 202 (204); 66, 1 (3).

[75] BGH in NJW 52, 194; in NJW 53, 1722; BGHZ 24, 200; 31, 308 (313).

[76] So RGSt 66, 3, sowie (fast wörtlich) BGHZ 31, 313.

[77] BT-Drucksache 1237, S. 18/19.

[78] So auch Neumann-Duesberg, Ehrenrecht, a. a. O. S. 750.

lichen Ermittlungen bedeutet, ist klar abzusehen: den Verlust von Aktualität bei bestimmten Nachrichten.

Andererseits darf jedoch der Wunsch nach Aktualität oder auch das Interesse, schneller und dramatischer als eine eventuelle Konkurrenz zu berichten, nicht dazu verleiten, ehrenrührige Behauptungen in leichtfertiger Weise — nur auf haltlose Vermutungen oder auf „Hören-Sagen" hin — zu verbreiten. Auf die Problematik der Verbreitung von ehrenrührigen Tatsachen durch die modernen Massenkommunikationsmittel wird später eingegangen werden[79].

4. *Zur Absicht der Interessenwahrnehmung*

Aus der Formulierung des § 193 ist deutlich ersichtlich, daß der Zweck der Äußerung die Interessenwahrnehmung sein muß. Nicht „in", sondern „zur" Wahrnehmung berechtigter Interessen muß im gegebenen Falle eine Äußerung gemacht werden[80]. Daß sie nur dafür geeignet war, genügt nicht. Wohl aber schließt es das Eingreifen des § 193 nicht aus, wenn auch andere Motive neben der Absicht der Wahrnehmung des Interesses — wie Haß, Rache etc. mitgespielt haben. Wichtig ist nur, daß § 193 ausgeschlossen ist, wenn die wirkliche Absicht der Interessenwahrung war, einem anderen „eins auszuwischen[81]".

5. *Zum Irrtum über § 193*

Bei irriger Annahme eines berechtigten Interesses gelten die allgemeinen Grundsätze über den Irrtum bei Rechtfertigungsgründen. Nach der h. M.[82] schließt ein solcher Irrtum die Schuld aus[83].

§ 6

„Berechtigte" Wahrnehmung der berechtigten Interessen als „Kernproblem" des § 193

Die Wahrnehmung berechtigter Interessen ist im geltenden Recht durch einen Gesetzeswortlaut geregelt, der mit den in der Rechtsprechung

---

[79] Vgl. § 8.

[80] *H. M.* RGSt 23, 425; 34, 216; 50, 321; HRR 37, 530; BGH in MDR 53, 401; Kohlrausch-Lange, a. a. O. Anm. V zu § 193; Löffler, Kommentar, a. a. O. Nr. 16 zu § 193; Schaefer in LK, a. a. O. Anm. III 1 B a zu § 193; Schönke-Schröder, a. a. O. Anm. III 3 c zu § 193; Schwarz, a. a. O. Anm. 5 C zu § 193. — Vgl. auch oben § 3, 3 — Fußnote 35.

[81] RGSt 20, 164; 66, 3; HRR 1941, 1026; RG in JW 23, 380; OLG Hamburg in JR 52, 203; ferner die unter [80] zitierte Literatur.

[82] BGHSt 2, 194 ff.; Kohlrausch-Lange, a. a. O. Anm. VI zu § 193.

[83] Zum Irrtum über die Wahrheit vgl. unten § 14, 4.

herausgearbeiteten Voraussetzungen schlechthin nicht mehr vereinbar zu sein scheint. Und *umgekehrt* ist zu fragen: Ist die Rechtsprechung mit dem Gesetzestext vereinbar? Das trifft vor allem auf die Voraussetzung zu, daß nicht nur das Interesse, sondern auch seine Wahrnehmung berechtigt sein muß[84]. Schon der Grundsatz der Interessenabwägung, der zugleich auch die Forderung der Anwendung des angemessenen Mittels zur Erreichung eines rechtlich anerkannten Zweckes enthält, läßt sich nicht unmittelbar aus dem Text des Gesetzes selbst ableiten, sondern nur aus den allgemeinen Grundgedanken der Rechtsordnung. Ebensowenig kann aus dem Gesetzestext des § 193 das gleichfalls im Prinzip der Güter- und Interessenabwägung liegende Erfordernis der Höherwertigkeit des Interesses, das unseres Erachtens für die Wahrnehmung berechtigter Interessen von entscheidender Bedeutung ist, gefolgert werden. Von der Rechtsprechung[85] aufgestellt, wird dieses Erfordernis des überwiegenden Interesses heute auch von einem großen Teil der Literatur vertreten[86]. Anläßlich des 42. Deutschen Juristentages wurde auf die Bedeutung des überwiegenden Interesses an mehreren Stellen besonders hingewiesen[87].

Bei einer Interessenkollision wird man das höherwertige Interesse um so deutlicher erkennen können, je mehr man die zur Güterabwägung erforderlichen Rechtsgüter in ihrem wirklichen Rangverhältnis sieht. Deshalb soll an dieser Stelle auf den Wertungsmaßstab bei der Güterabwägung eingegangen werden.

1. Zur Güterabwägung bei der Interessenkollision

Nicht alle Güter und Werte können den gleichen Achtungsanspruch erheben, denn schon bei einer natürlichen Betrachtungsweise ist zwischen niederen und höheren Werten zu unterscheiden[88]. Einfach festzustellen

---

[84] Kohlrausch-Lange a. a. O. Anm. IV zu § 193.

[85] RGSt 62, 83 (93); 63, 92 (93); 63, 202 (204); 63, 229, 66, 1 (2); BGHZ 3, 271 (280); 24, 200 (206); 31, 308 (312ff.).

[86] Kohlrausch-Lange a. a. O. Anm. IV 2 zu § 193; Schwarz a. a. O. Anm. 5 zu § 193; Hartung in NJW 1951, 212; Kern, Beleidigung, a. a. O. S. 353 (a. A. in Ehrenschutz a. a. O. S. 316); Löffler, Kommentar, a. a. O. Nr. 14 zu § 193 erkennt an dieser Stelle ebenfalls an, daß das „berechtigte" Interesse höher sein müsse, behauptet jedoch später (z. B. in NJW 1959, 5), ein überwiegendes Interesse sei von der Rechtsprechung nie gefordert worden.

[87] So besonders Nipperdey, Privatleben, a. a. O. S. 17; Siegert a. a. O. S. 48; Larenz a. a. O. S. 28, dessen Feststellung: „Die Gefährdung der persönlichen Freiheit und der Voraussetzungen eines unbefangenen menschlichen Verkehrs, damit aber eines menschenwürdigen Daseins überhaupt, wiegt meines Erachtens so schwer, daß demgegenüber auch sonst berechtigte Interessen . . grundsätzlich zurücktreten müssen" die Schwerpunkte besonders klar zeigt.

[88] Hubmann, Interessenabwägung, a. a. O. S. 101.

ist dieser Rangunterschied bei den materiell-rechtlichen Gütern, die in ihrem Werte erfaßbar sind[89]. Auch dem Gebiet des Strafrechts ist ein Rangverhältnis der geschützten Werte zu entnehmen, und zwar im allgemeinen, wenn auch nicht schematisch[90], auf die Weise, daß man die zum Schutze der einzelnen Rechtsgüter erlassenen Strafdrohungen hinsichtlich ihrer Schwere miteinander vergleicht[91]. Auf die „Grundsätze der Interessenabwägung[92]“ soll hier jedoch nicht näher eingegangen werden.

Welche Unsicherheit und Unbestimmtheit in der Bewertung der geschützten Rechtsgüter besteht, zeigen Feststellungen, wie die des BGH[93], Leben und Gesundheit seien *mindestens* (Unterstreichung von der Verf.) ebenso schutzwürdig wie das Eigentum, oder die Hubmanns[94], daß nach unserer Kulturauffassung wohl auch davon ausgegangen werden *dürfe*, (Unterstreichung von der Verf.), daß zwischen materiellen, kulturellen und sittlichen Werten ein aufsteigendes Rangverhältnis bestehe. Besonders deutlich weist Bohne[95] darauf hin, wenn er — fast leidenschaftlich — feststellt:

---

[89] Vgl PALANDT a. a. O. Anm. 2c zu § 904; Kommentar der Reichsgerichtsräte (RGRK) zum BGB, 10. Aufl. Anm. 7 zu § 904.

[90] Vgl. oben § 6 Vorbemerkung.

[91] HUBMANN, Interessenabwägung, a. a. O. S. 101.

[92] HUBMANN setzt sich unter diesem Titel in AcP 1956, 85 ff., eingehend nicht nur mit dem Begriff „Interesse“, mit der Betrachtungsweise und den Wertunterschieden auseinander, sondern sowohl mit jenen Elementen, die nach seiner Ansicht einen Achtungsanspruch verstärken können, als auch mit den zur Lösung des Konflikts vorgeschlagenen Prinzipien des Ausgleichs und des schonendsten Mittels. Zu den Elementen, die seiner Ansicht nach die Werte zu verstärken in der Lage sind, gehören als erstes die Interessenhäufung, die durch das vereinte Gewicht mehrerer Interessen ein Gegeninteresse zwar überwiegen kann (S. 107), nicht aber unbedingt überwiegen muß (S. 108). Wichtig erscheint die Feststellung, daß das Kumulationsprinzip dann unanwendbar ist, wenn es sich um Höchstwerte — das Menschenleben, die Menschenwürde und den Persönlichkeitswert insgesamt — handelt (S. 108). Weiter wird auf die Interessennähe — mit Hinweis auf MEZGER (a. a. O. S. 123/124): Bei einer Pflichtenkollision werde der in den Gewissenskonflikt hineingeworfene Mensch diejenige bevorzugen dürfen, die ihn besonders nahe angeht — eingegangen und ebenso auf die Intensität der Interessen (S. 113/114). Diese sei so zu verstehen, daß nicht die Werte an sich relativ seien; es werde nur ihre normative Kraft bald mehr bald weniger zur Geltung gebracht. — Vgl. dazu auch die gründliche Auseinandersetzung, die REHBINDER (a. a. O. §§ 15 bis 17) den „Prinzipien der Interessenabwägung“ zuteil werden läßt. Er stellt als „letztes Richtmaß für die Interessenabwägung das Interesse der Allgemeinheit an der ‚vollentwickelten, kollektiv-wertvollen Persönlichkeit‘ (nach ORNSTEIN, Macht, Moral und Recht, 1946, S. 304)“ heraus.

[93] BGHZ 9, 89.

[94] A. a. O. Interessenabwägung, S. 101.

[95] A. a. O. S. 28.

„Ist es nicht beschämend, Ehre und Pietätsempfinden strafrechtlich geringer zu achten als einen Vermögensteil, die körperliche Vergewaltigung mit Zuchthaus zu bedrohen, die seelische Marter aber im wesentlichen straffrei zu lassen, auf Notzucht und Devisenvergehen gleichermaßen Zuchthaus zu setzen? Das ist nicht nur ungerecht, weil eine Verachtung der Menschenwürde, sondern ... eine Barbarei!"

Dazu stellt Dürig[96] mit Recht heraus, daß die von Wintrich[97] aus Art. 1 Abs. 1 GG zutreffend hergeleitete Forderung, „daß der Personwert auf allen Rechtsgebieten Vorrang vor dem Sachgüterwert hat", keineswegs bereits realisiert oder selbstverständliches Gemeingut unserer Gesamtrechtsordnung geworden sei.

Zu dieser Unbestimmtheit in der Bewertung der Rechtsgüter tritt nun ein weiteres, nicht außer Acht zu lassendes Moment:

Zwar ist der Konflikt zwischen dem Recht auf Schutz der Ehre des einzelnen und dem Recht des anderen Staatsbürgers auf freie Meinungsäußerung oder -bildung nicht neu[98]. Die heutige Situation ist jedoch dadurch gekennzeichnet, daß der einzelne seine Ehre als Bestandteil seiner Persönlichkeit den ihn umgebenden Mächten und Möglichkeiten verschiedenster Art ausgeliefert sieht, in einem Umfang, der zur Zeit der klassischen Rechtsvorschriften — also zu der Zeit, in der auch die heutigen Vorschriften des Strafrechts Gesetz wurden — noch nicht einmal geahnt werden konnte. Ihrer Natur nach gehören zu jenen Mächten auch die modernen Massenkommunikationsmittel, die als „ein das gesamte öffentliche Leben durchdringender dominierender Faktor des Massenzeitalters[99]" anzusehen sind. Hier handelt es sich um eine Entwicklung, um einen Vorgang von objektiven Ausmaßen, die so etwas wie eine Eigengesetzlichkeit erlangt haben. Sie können selbst da zu unvorhersehbaren und unberechenbaren Ausmaßen führen, wo in der Person ihrer Urheber keineswegs die Absicht bestand, die Persönlichkeitssphäre des einzelnen zu verletzen. Aufgrund dieser Situation besteht ein größeres Schutzbedürfnis für den einzelnen. Und zwar nicht nur seiner selbst willen, sondern auch deshalb, weil die Unantastbarkeit einer engsten Persönlichkeitssphäre, dieser letzten Distanz zum Mitmenschen, sowohl Kennzeichen als auch Voraussetzung jener Kultur ist, die wir die abendländische nennen[100].

---

[96] In: MAUNZ-DÜRIG, a. a. O. Anm. II 3 c Nr. 33 zu Art. 1.

[97] a. a. O. S. 13 ff.

[98] Vgl. auch WEITNAUER, Persönlichkeitsschutz, a. a. O. S. 313.

[99] SCHÜLE a. a. O. S. 8 mit Hinweis auf OFTINGER, Festschrift für Friedrich List, 1957, S. 120.

[100] Vgl. auch GRÜNHUT, a. a. O. S. 319; ERDSIEK, Regierungsentwurf, a. a. O. S. 1; HIRSCH, a. a. O. S. 8; HENKEL, a. a. O. S. 65; NIPPERDEY, Privatleben, a. a. O. S. 65; SCHÜLE, a. a. O. S. 8; zum Eigenraum auch FECHNER, Private Sphäre, a. a. O. S. 33, der dort feststellt, daß der Mensch durch die Technisierung des Daseins selbst Teilstück der großen Maschinerie werde. Dadurch

Auf der anderen Seite jedoch sind auch die Träger der Publizistik, die Massenmedien, in unserer Rechtsordnung verankert; da sie eine unbeschränkte Diskussion aller öffentlichen Dinge ermöglichen und so zur Konstituierung unseres Staatswesens, dessen Lebenselement die ständige geistige Auseinandersetzung, der Kampf der Meinungen, ist, beitragen, sind sie in den Rahmen des Art. 5 GG eingebettet[101].

Bei der Abwägung der Interessen sollten also nicht nur — wie auch Hubmann[102] fordert —, „alle in Mitleidenschaft gezogenen Güter und Werte", sondern zugleich die oben gekennzeichnete Situation berücksichtigt werden. Da nun Freiheit und Ehre die obersten Werte der Persönlichkeit eines Menschen bilden, „ja ihr Wesen und der Inbegriff seiner Würde"[103] sind, ist die Ehre als entscheidender Faktor der Menschenwürde anzusehen. Diese ist im Sinne des Art. 1 GG „unantastbar[104]" und als oberstes Konstitutionsprinzip allen objektiven Rechts"[105] zu werten. Wenn nun auch letzten Endes jedes Werturteil auf die Würde des Menschen bezogen ist[106], so kann dies keinesfalls immer bedeuten, daß diese dadurch angetastet oder gar verletzt wird. Andererseits darf auch nicht übersehen werden, daß die Unantastbarkeit der Würde eines jeden Menschen „keinesfalls bedeutet oder bedeuten kann, daß der einzelne einen Anspruch darauf hat, in völliger Isolierung von seinen Mitmenschen leben zu können[107]".

Deshalb wird man als Maßstab für die Güterabwägung bei einer Interessenkollision die Ansicht des BVerfG bejahen können[108]:

---

verliere er nicht nur den äußeren Lebensraum, sondern auch den Willen, einen Eigenraum zu besitzen; ferner FECHNER, Sozialer Rechtsstaat, a. a. O. S. 17.

[101] Vgl. BVerfGE 5, 85 (205); 7, 198 (208); 12, 113 (NJW 61, 819); BGHSt 12, 287; BGHZ 31, 308; SCHÜLE, a. a. O. S. 9; COING, a. a. O. S. 4.

[102] Interessenabwägung, a. a. O. S. 107. — Die Berücksichtigung aller „Umstände des besonderen Falles, insbesondere die Verhältnisse des Täters" — also nicht nur abstrakte Gesichtspunkte — fordert schon das RG (RGSt 62, 83 [93]); in diesem Sinne auch der BGH in MDR 53, 401; ebenso FRANK, a. a. O. Anm. III 2 a zu § 193; SCHAEFER in LK, a. a. O. Anm. III 1 A a zu § 193.

[103] So BOHNE, a. a. O. S. 26.

[104] BVerfGE 5, 85 (205).

[105] MAUNZ-DÜRIG, a. a. O. Abs. 1, Nr. 4 zu Art. 1; v. MANGOLDT-KLEIN, Anm. III 1 b zu Art. 1: „Grundsatznorm für die gesamte Rechtsordnung"; WERNICKE in BK, a. a. O. Anm. II 2 e zu Art. 1: „Maßstab für alle einzelnen Grundrechtsbestimmungen und deren Auslegung"; NIPPERDEY, Würde des Menschen, a. a. O. S. 34: „Verfassungsrecht überragenden Ranges"; in diesem Sinne auch SCHÜLE, a. a. O. S. 11; BVerfGE 6, 36.

[106] JÄGGI, a. a. O. S. 215 a.

[107] HIRSCH, a. a. O. S. 8.

[108] BVerfGE 7, 198 ff. (212).

„Der Schutz des privaten Rechtsgutes kann und muß um so mehr zurücktreten, je mehr es sich nicht um eine unmittelbar gegen dieses Rechtsgut gerichtete Äußerung im privaten, namentlich im wirtschaftlichen Verkehr und in Verfolgung eigennütziger Ziele, sondern um einen Beitrag zum geistigen Meinungskampf in einer die Öffentlichkeit wesentlich berührenden Frage durch einen dazu Legitimierten handelt; ..."

2. *Die Höherwertigkeit des Interesses als „Berechtigung" — oder „Angemessenheit" — für die Wahrnehmung berechtigter Interessen*

Die Einfügung des Wortes „angemessen" sowohl in § 178 II des neuen Entwurfs für ein StGB (E 1962)[109] als auch in § 14 II des Entwurfs für ein „Gesetz zur Neuordnung des zivilrechtlichen Persönlichkeits- und Ehrenschutzes"[110], welcher ebenfalls eine „angemessene Wahrnehmung eines berechtigten öffentlichen oder privaten Interesses fordert, ist — obwohl dieses Wort „angemessen" in den beiden genannten Entwürfen eine verschiedene Bedeutung zu haben scheint — eines der am heftigsten umkämpften Probleme bei der Wahrnehmung berechtigter Interessen[111].

Der Persönlichkeitsrechtsentwurf bringt mit dem Wort „angemessen" in § 14 II das Erfordernis der „Güter- und Pflichtenabwägung" in dem gleichen Sinne zum Ausdruck, in dem auch die bisherige Rechtsprechung ... die Zulässigkeit einer interessewahrenden Ehrverletzung beurteilt hat[112].

Mit der „Angemessenheitsklausel" in § 178 II[113] des Entwurfs für ein StGB soll zum Ausdruck gebracht werden — so die Begründung zum

---

[109] In: Bundesratsdrucksache 200/62.

[110] In: Bundestagsdrucksache 1237.

[111] ERDSIEK, Regierungsentwurf, a. a. O. S. 6; WEITNAUER, Persönlichkeitsschutz, a. a. O. S. 315; ders., Zivilrechtlicher Ehrenschutz, a. a. O. S. 1188; ders., UFITA 31, 221; NEUMANN-DUESBERG, Ehrenrecht a. a. O. S. 749; SCHÜLE, a. a. O. S. 42 — stellen fest, daß das Wort „angemessen" als Einfügung in einen Gesetzestext de lege ferenda lediglich — so z. B. SCHÜLE a. a. O. wörtlich — „... eine Erscheinung des allgemeinen Grundsatzes der Verhältnismäßigkeit ist, der jeder Rechtsausübung eine rechtliche Schranke setzt." In diesem Sinne auch KRAUS, Der Grundsatz der Verhältnismäßigkeit, 1955, passim. — LÖFFLER, Persönlichkeitsschutz, a. a. O. S. 5; ders., UFITA 30, 78; ferner der Deutsche Presserat (abschließende Stellungnahme in ZVuZV 1959, S. 1085) bekämpfen die Festlegung einer „Angemessenheit" in diesem Zusammenhange wieder mit der schon zur Höherwertigkeit des Interesses bei der Interessenabwägung erwähnten Begründung, ein überwiegendes Interesse sei von der Rechtsprechung nie gefordert worden. Vgl. dazu § 6, Fußnote 86.

[112] Vgl. ERDSIEK a. a. O.; WEITNAUER a. a. O.

[113] Dazu der Wortlaut dieses Absatzes „Äußerungen zur Wahrnehmung eines berechtigten öffentlichen oder privaten Interesses sind nicht als Beleidigung strafbar, soweit sie unter Berücksichtigung der widerstreitenden Interessen und der dem Täter nach den Umständen obliegenden Prüfungspflicht ein erforderliches und angemessenes Mittel sind, den angestrebten Zweck zu erreichen."

Entwurf[114] —, daß eine Wahrnehmung berechtigter Interessen im allgemeinen nur dann rechtfertigende Wirkung habe, wenn eine „Beurteilung der Interessenlage die Ehrverletzung überhaupt vertretbar erscheinen läßt und wenn der Täter zur Förderung oder zum Schutze seines Interesses das nach den Umständen schonendste Mittel[115], insbesondere auch eine etwa bestehende Informationspflicht[116] erfüllt hat." Die Angemessenheit der Interessenwahrung hängt also nach der Begründung des Entwurfs für ein StGB einmal davon ab, ob „der Eingriff in fremde Ehre überhaupt" und zum anderen, ob er in der vorgenommenen Form „rechtliche Billigung verdient".

Auf eine ausdrückliche Forderung, das Gegeninteresse müsse bei der Abwägung überwiegen, verzichtet der genannte Entwurf[117] — im Gegensatz zum Entwurf von 1927, welcher in § 318 II ausdrücklich ein „überwiegendes Interesse" verlangte — obwohl die Begründung[118] feststellt, daß der Gesichtspunkt des höherwertigen Interesses in zahlreichen gerichtlichen Entscheidungen[119] zu § 193 zum Ausdruck komme. Dem Entwurf ist insofern zuzustimmen, daß sich in der Regel die „Abwägung" in einer Bewertung der widerstreitenden Interessen nach ganz allgemeinen Maßstäben erschöpfen muß und fast immer nur zu dem Ergebnis führen kann, daß die Interessenwahrnehmung im Einzelfalle sozialethisch entweder noch vertretbar oder nicht mehr vertretbar ist. Als eine Art „Wegweiser" könnte hier jedoch der oben (§ 6, 1) zur Güterabwägung bei der Interessenkollision aufgezeigte Wertungsmaßstab dienen.

Ob man nun deshalb darauf verzichten sollte[120], das seit Jahrzehnten von Rechtsprechung[121] und einem Teil der Lehre[122] geforderte Überwiegen des Interesses bei einer Güter- und Interessenabwägung im Rahmen der Wahrnehmung berechtigter Interessen im Gesetzestext de lege ferenda ausdrücklich festzulegen, weil — so ebenfalls die Begründung[123] — „hier fast ausnahmslos Interessen von grundsätzlich verschiedener Art miteinander in Kollision geraten", deren Bewertung im wesentlichen nach sozialethischen Gesichtspunkten erfolgen müsse und weil das Prinzip der Güterabwägung dann versage, wenn die kollidierenden Interessen

---

[114] Bundesratsdrucksache 270/60, S. 301.

[115] u. [116] Vgl. § 5, 2 und 3.

[117] Begründung a. a. O. S. 301.

[118] A. a. O. S. 301.

[119] Begründung a. a. O. S. 301. — Bei den hier zitierten Entscheidungen handelt es sich wohl um die in § 6, S. 19, Fußnote 85 aufgeführten.

[120] So die Mehrzahl der Mitglieder der Großen Strafrechtskommission, GrStRK Bd. IX, S. 65 ff., S. 227 ff.; **Bd. II, S. 150 ff.**

[121] § 6, S. 19, Fußnote 85.

[122] § 6, S. 19, Fußnoten 86 und 87.

[123] A. a. O. S. 301.

gleichwertig oder inkommensurabel seien[124], erscheint fraglich. Denn es ist unseres Erachtens nicht als Ideallösung zum Interessenkonflikt und als Beseitigung von damit verbundenen Unsicherheitsmomenten anzusehen, wenn die von der Rechtsprechung herausgearbeitete Forderung des überwiegenden Interesses bei einer Interessenkollision im Rahmen § 193 in einer gleichen Gesetzesbestimmung de lege ferenda nicht ausdrücklich festgelegt, sondern die Entscheidung darüber weiterhin für Rechtsprechung und Rechtslehre offengelassen wird.

Zur Lösungsfrage hinsichtlich der kollidierenden gleichwertigen oder inkommensurablen Interessen lehnt Rehbinder[125] mit Recht den auch schon vor der Beratung des Entwurfs für ein StGB unternommenen Versuch ab, den Interessenkonflikt hier nach den Grundsätzen des Verteidigungsnotstandes in § 228 BGB zu lösen. Hier spielt zwar — ähnlich wie bei § 53 StGB — die Güterabwägung eine Rolle, sie ist jedoch bei der hier vorliegenden Zweck-Mittel-Beziehung, „deren wesentliche Bedeutung und übergreifendes Prinzip gerade darin liegen, daß *nur* ein nach unseren Kulturanschauungen ‚angemessenes' Mittel gewählt werden darf, mag der Zweck noch so berechtigt sein", nicht das entscheidende Kriterium, „denn wo Recht gegen Unrecht" — wie beim § 53 — „sich behauptet, bedarf es ihrer überhaupt nicht".[126] Im Falle der Interessenkollision im Rahmen des § 193 stehen sich jedoch nicht Recht und Unrecht, sondern zu wertende Interessen gegenüber.

Die Höherwertigkeit des Interesses muß also zumindest als eine der Voraussetzungen für die „Berechtigung" oder „Angemessenheit" zur Wahrnehmung berechtigter Interessen angesehen werden, sie tritt neben die Erfordernisse des Nahe-Angehens, der Erforderlichkeit im Sinne des schonendsten Mittels, der Informationspflicht und der Absicht *zur* Wahrnehmung.

Ob letztlich die Interessenwahrnehmung „berechtigt"[127] oder „angemessen"[128] sein sollte, ist lediglich eine Frage der Diktion. Schüle[129] stellt dazu mit Recht fest, daß eine Wahrnehmung von Interessen stets nur dann „berechtigt" ist, wenn sie unter Berücksichtigung aller im Einzelfalle gegebenen Umstände nach Art und Reichweite auch angemessen ist.[130] Unter dem Gesichtspunkt der „Angemessenheit" ist also sowohl das „ob" als auch das „wie" des interessewahrenden Eingriffs

---

[124] Vgl. LACKNER in GrStRK Bd. IX, S. 65.

[125] A. a. O. S. 26.

[126] KOHLRAUSCH-LANGE a. a. O. System. Vorbem. III b, S. 17/18.

[127] Wie KOHLRAUSCH-LANGE a. a. O. Anm. IV zu § 193.

[128] Wie der Persönlichkeitsrechtsentwurf, § 14 II.

[129] A. a. O. S. 42.

[130] So auch REINHARDT a. a. O., S. 6/7, der feststellt, daß die „angegriffene Formulierung" genau das besage, was in § 193 stehe, „nur in etwas prägnanterer Weise".

zu beurteilen.[131] Der Sinn der „Angemessenheit" oder „Berechtigung" ist eindeutig: diese Voraussetzung drückt in der von Reinhardt[132] erwähnten „prägnanteren" Weise die Begrenzung bei der Wahrnehmung berechtigter Interessen aus, ohne die bei einer „schrankenlosen" Interessenwahrung „die Ehre des einzelnen der Presse und jedem Dritten schutzlos preisgegeben" wäre.[133] Diese erforderliche Begrenzung ist unseres Erachtens nicht mit dem RG bei dem „Nahe-Angehen" zu suchen, sondern darin, „daß die Erregung oder Befriedigung von Sensationsbedürfnis, das eigene Interesse an Absatzsteigerung, in aller Regel aber auch die Propagierung der Wünsche einzelner Interessentengruppen", um hier einige der für die schrankenlose Interessenwahrnehmung bezeichnenden Motive zu nennen, „überhaupt keine den Schutz der Ehre überwiegenden Interessen sind."[134]

Das Erfordernis der „Angemessenheit" oder „Berechtigung" hinsichtlich einer schrankenlosen Wahrnehmung berechtigter Interessen wird dann um so dringlicher sein, je mehr die Bedeutung der Massenkommunikationsmittel in der modernen Zeit zunimmt. In diesem Zusammenhang ist noch einmal darauf hinzuweisen, daß die kritischen Stimmen gegen die Einfügung einer Angemessenheitsklausel in Ehrenschutzbestimmungen (straf- und zivilrechtlicher Art) de lege ferenda fast ausschließlich von Seiten der Presse — als einem der Massenkommunikationsmittel — kommen[135]. Außer durch seine bereits erwähnte Äußerung[136], „ein überwiegendes Interesse sei nie gefordert worden", bekämpft Löffler[137] die Angemessenheitsklausel ferner mit dem Argument, daß eine solche Klausel die Gleichwertigkeit der bisherigen Güter- und Interessenabwägung einseitig zu Ungunsten der Presse verschiebe und stellt dabei die Forderung nach einer Generalklausel auf.

Gegen diese Darstellungen wenden sich neben Weitnauer[138] vor allem auch Geiger[139] und Hirsch[140]. Geigers Feststellung[141], er halte es weder für richtig noch auch nur für vertretbar, der Presse für Fälle nicht erweislich wahrer Tatsachenbehauptungen einen „besonderen Rechtfertigungsgrund der Wahrnehmung berechtigter öffentlicher Interessen ein-

---

[131] Begründung des PR-Entwurfs, BT-Drucksache 1237, S. 16.
[132] A. a. O. S. 7.
[133] KOHLRAUSCH-LANGE a. a. O. Anm. IV zu § 193.
[134] KOHLRAUSCH-LANGE a. a. O. Anm. IV 2 zu § 193;
[135] Vgl. § 6, Fußnote 111.
[136] Vgl. § 6, Fußnote 86; Fußnote 111.
[137] A. a. O. Persönlichkeitsschutz, S. 4.
[138] Persönlichkeitsschutz a. a. O. S. 315; UFITA 31, 222.
[139] Gedanken zu einem neuen Presserecht in „Archiv für Presserecht" Nr. 27, 1959, S. 41 ff.
[140] A. a. O. passim.
[141] A. a. O. S. 43/44.

zuräumen", ergänzt Hirsch[142] damit, daß dies seiner Meinung nach „mit noch viel größerem Recht für den Anspruch auf einen *generellen* Rechtfertigungsgrund" gelte. Die Anerkennung eines *solchen* Anspruchs — darin gipfelt Hirschs Darstellung mit Recht — würde bedeuten, daß dann „jeder einzelne Bürger hinsichtlich des Schutzes seiner Ehre und seiner Intimsphäre der Presse gegenüber zivilrechtlich vogelfrei" wäre.

Vor der Prüfung, auf welche Grundlage sich die Wahrnehmung berechtigter Interessen durch die Rundfunk- und Fernsehanstalten — im Vergleich zur Presse oder evtl. im Gegensatz dazu — stellt, wird es nun notwendig sein, einen Blick auf die Bedeutung der Massenkommunikationsmittel in der modernen Zeit zu werfen.

---

142 A. a. O. S. 29.

2. Abschnitt

ZUR PROBLEMATIK DER MASSENKOMMUNIKATIONSMITTEL

1. Kapitel

Die Bedeutung der Massenkommunikationsmittel

§ 7

Zur Entwicklung der Massenkommunikationsmittel[143]

Die Entwicklung der modernen Massenmedien Presse und Rundfunk/Fernsehen soll hier — neben einer kurzen historischen Betrachtung — vor allem zahlenmäßig kurz dargestellt werden, da gerade die Reichweite des Einflusses diesen Medien eine ganz besondere Bedeutung zuteil werden läßt.

1. Presse

Die Geschichte der Presse fällt mit der Erfindung der Buchdruckerkunst durch Gutenberg im Jahre 1453, der Ursprung des deutschen Zeitungswesens mit dem Erscheinen der „Relatio" in Straßburg und der „Aviso" im Braunschweiger Raum als den ersten regelmäßig herauskommenden Zeitungen der Welt[144] im Jahre 1609 zusammen. In der dazwischen liegenden Zeitspanne waren es vor allem Flugblätter und Flugschriften (Pamphlete), die die Unterrichtung — oder Beeinflussung — der Bevölkerung anstrebten. Von der zweiten Hälfte des 17. Jahrhunderts ab entstanden dann immer mehr Zeitungen, die sich zum Teil bis ins 20. Jahrhundert gehalten haben. Doch erst die industrielle Revolution gegen Ende des vorigen Jahrhunderts brachte mit ihren technischen Neuerungen wie Schnellpresse und telegraphische Nachrichtenübermittlung den damals neuen Zeitungstyp hervor, die Massenpresse. Haacke[145] stellt als äußeren Höhepunkt der Entwicklung das Jahr 1932 fest; damals gab es in Deutschland 4700 Zeitungstitel mit einer Gesamtauflage von 25 Millionen Exemplaren, von denen allerdings über 75 % mit ihrer Auflage unter 10 000 Stück blieben. Nach 1945 wurde — wie 1957 durch eine Erhebung des Instituts für Publizistik in Münster festgestellt — wieder eine Zahl von etwa 600 Zeitungen erreicht. Diese

---

[143] Hier sollen lediglich die beiden Massenmedien Presse einerseits und Rundfunk und Fernsehen andererseits, dargestellt werden, nicht aber der Film.

[144] HAACKE a. a. O. S. 149; Zur Geschichte der Presse*freiheit* vgl. die übersichtliche Darstellung bei GELDBACH a. a. O. S. 33 ff.

[145] A. a. O. S. 150.

erscheinen zwar in 1400 Ausgaben, nur rund 200 davon sind jedoch redaktionell selbständig gestaltet[146]. Sehr aufschlußreich ist in diesem Zusammenhang die Gegenüberstellung von zwei Auflagenzahlen: Die auflagenstärkste Zeitung „herkömmlichen Zuschnitts" — es handelt sich hier um die Westdeutsche Allgemeine Zeitung — erscheint täglich in 400 000 Exemplaren, während z. B. eine Zeitung „modernen" Zuschnitts — die in Hamburg erscheinende „Bild-Zeitung" — täglich eine Auflagenhöhe von 3,2 Millionen erreicht.

Vor allem waren es aber die Illustrierten und gewisse illustrierte Wochenzeitungen, die sich nach 1945 in den Vordergrund geschoben haben: sie erscheinen in der Bundesrepublik mit einer wöchentlichen Auflage von mehr als 18 Millionen Exemplaren[147].

2. *Rundfunk/Fernsehen*

Nachdem Hertz im Jahre 1888 elektromagnetische Wellen durch Funkentladungen erzeugt und Marconi im Jahre 1897 die drahtlose Telegraphie erfunden hatte, wurde nach — auch in Deutschland durchgeführten — umfangreichen Versuchen im Jahre 1923 der Deutsche Rundfunk gegründet. Die offizielle Teilnehmerzahl betrug damals 467. Im Jahre 1926 wurden jedoch schon 1 Million, im Jahre 1928 sogar 2 Millionen Teilnehmer verzeichnet. Das Jahr 1934 brachte 5 Millionen, das Jahr 1952 bereits 10 Millionen Teilnehmer und am 1. 1. 1962 wurden über 16 Millionen Tonrundfunkhörer gezählt[148].

Der erste Fernsehprogrammdienst der Welt begann im März des Jahres 1935 in Berlin, das erste deutsche Fernsehbild nach dem Kriege erschien im Juli 1950. Die Teilnehmerzahl beim Fernsehen betrug 1955 schon 100 000, im Jahre 1957 wurde 1 Million überschritten, im Jahre 1959 3 Millionen und am 1. 11. 1963 verzeichnete der Fernsehfunk 8 226 770 Teilnehmer[148a], nachdem am 1. 1. 1962 5 887 530 Fernseh-Teilnehmer registriert worden waren.

Zur Entwicklung von Presse einerseits und Rundfunk und Fernsehen andererseits ist also festzustellen, daß auf dem Gebiet des Pressewesens auf *eine* Zeitung „herkömmlichen Zuschnitts" wesentlich mehr Exemplare einer Zeitung im Zuschnitt „Bild" (hier handelt es sich nicht um eine einmalige Erscheinung — neben „Bild" wäre z. B. auch noch die „Abendpost" u. ä. zu nennen, die gleichfalls auflagenstark sind) kommen. Als aufschlußreiche Tatsache aus dem Bereich des Rundfunks

---

[146] Haacke a. a. O. S. 151.

[147] Haacke a. a. O. S. 153.

[148] Geschichtliche und Teilnehmerzahlen sind entnommen dem Internationalen Handbuch für Rundfunk und Fernsehen 1962, A 7 ff. und B 6; die unter 148 a) genannte Zahl entstammt dem „Rundfunkspiegel des Deutschen Industrieinstituts" vom 15. 11. 1963.

ist festzustellen, daß zwar die Teilnehmerzahl beim Tonrundfunk innerhalb von 26 Jahren um das 16fache, beim Fernsehrundfunk innerhalb von fast 8 Jahren jedoch um das 80fache angestiegen ist.

§ 8

Die Bedeutung der Massenkommunikationsmittel

1. *In soziologischer Hinsicht*

Die so aufgezeigte Entwicklung, die im Bereich des gedruckten Wortes einerseits den immer stärkeren Trend zum Zeitungstyp eines „Bild"[149] und zur Illustrierten[150] oder zur illustrierten Massenzeitung (wie „Wochenend" u. ä.) als einer „modernen" Form der Publizistik, auf dem Gebiet des Funks andererseits die noch rapidere Zunahme der Teilnehmerzahl beim Fernseh- im Vergleich zum Hörfunk klar herausstellt, birgt gleichzeitig die soziologische Problematik der Massenkommunikationsmittel in sich. „Dem Konsum von Bildung, Freizeit, Luxus und öffentlichen Dienstleistungen entspricht" — wie Riesman[151] feststellt — „die Steigerung des Konsums von Wort und Bild durch die neuen Massenkommunikatiosmittel." Erfaßte die Publizistik der „klassischen" Form in der Vergangenheit nur die relativ geschmacklich gebildeten und interessierten Schichten der Bevölkerung, welche ihrerseits alles oder doch das meiste, was sie zur Kenntnis nahmen, kritisch auffaßten und bearbeiten konnten, so wendet sich das moderne Massenkommunikationsmittel bewußt an die Gesamtheit der Bevölkerung und insbesondere an die Schichten, die mit der betreffenden Materie oder dem mit einbezogenen Personenkreis nicht vertraut sind und in keiner Beziehung stehen, die sich also ein eigenes Urteil überhaupt nicht bilden können. Zur Anwendung der modernen Massenkommunikationsmittel führt Mannheim[152] treffend aus: „Functions formerly fulfilled by the priesthood alone are now shared by the educator, administrator, political propagandist, journalist, and public relations counselor. All of them use modern means of mass communication and reproduction, press, radio, film, television . . . and the like, to implement policies of their

[149] Dazu Haacke a. a. O. S. 152: „Bei ihr" (i. e. „Bild") „ist die politische Kommentierung nahezu verschwunden, die Nachrichtengebung auf Relikte zurückgedrängt, der herkömmliche Gehalt durch sensationell oder sentimental aufgemachte Berichterstattung über sämtliche Bereiche des menschlichen Lebens ersetzt."

[150] Zur „Idee" und Aufgabe der Illustrierten Haacke a. a. O. S. 165/166, der hier zusammenfassend sagt, „daß man zwar die menschliche Neugierde befriedigen, daß man aber nicht der Sensation um jeden Preis dienen wollte".

[151] A. a. O. S. 37.

[152] A. a. O. S. 53.

own ..." Auch Habermas[153] stellt dazu als bedeutungsvolle Neuerung heraus, daß die Masse ihre Meinungen gegenwärtig nicht durch Würdenträger der Kirche oder des Staates, aus Führern oder Schriften, die über das Gewöhnliche hinausragen, schöpfe. „Für ihre Denkarbeit sorgen Männer von so ziemlich demselben Schlage, die unter dem Antrieb des Augenblicks durch die Zeitungen zu ihnen reden." Die Wandlung eines zur Kritik fähigen, an der Bildung einer eigenen Meinung wirklich interessierten Leserpublikums zur zum großen Teil nur am Lese*stoff* als Konsum interessierten mehr oder weniger kritiklosen Masse hat Habermas[154] zutreffend mit der Feststellung bezeichnet: „Vom kulturräsonierenden zum kulturkonsumierenden Publikum[155]."

Die Gründe für diesen Wandel können vor allem darin gesehen werden, daß im Zeitalter der Technik der Mensch, dessen Wille darauf gerichtet war, sich die Welt technisch zu unterwerfen, selbst zum Gegenstand eines technischen Zweckdenkens werden mußte, was zwar nicht vorauszusehen war, jedoch zum Kennzeichen der technischen Epoche und zur Sorge aller ihrer Betrachter geworden ist[156]. Eine eingehende Untersuchung dieser Gründe kann allerdings nicht Aufgabe der vorliegenden Arbeit sein.

Hinzuweisen ist noch darauf, was ein Artikel in der „Neue Zürcher Zeitung[157]" zu dieser Problematik ausführt:

Nach Ansicht der Soziologen und Sozialpsychologen erstrecke sich heute das „öffentliche Bedürfnis" in diesem Zusammenhange auf „vorfabrizierte Leitbilder in Form von Darstellungen exemplarischer zeitgenössischer Existenzweisen". Diese „Leitbilder" — so fährt der Artikel wörtlich fort[158] —

---

[153] A. a. O. S. 148/49, wo er auch auf entsprechende Ausführungen von John Stuart Mill, Über die Freiheit, ed. Pickford, Frankfurt 1860, S. 92 f. hinweist.

[154] A. a. O. S. 177 ff. passim.

[155] A. a. O. S. 177.

[156] So Siebert, a. a. O. S. 1370. Ferner haben sich mit diesen — an die Grundlage unserer Kultur rührenden — Fragen vor allem beschäftigt: Bense, Technische Existenz, 1949; Freyer, Hans, Theorie des gegenwärtigen Zeitalters, 1955; Gehlen, Die Seele im technischen Zeitalter, 1957; Guardini, Das Ende der Neuzeit, 5. Aufl. 1954; Jaspers, Die geistige Situation der Zeit, 4. Aufl. 1932.

[157] Vom 20. 5. 1962, Bl. 7, Grenzen des Informationsrechts — Kritische Bemerkungen zum Bild und zu seinen Jägern — R. R.

[158] Die zutreffende und prägnante Umschreibung des in Frage stehenden Problems einerseits und die eventuelle Schwierigkeit in der Beschaffung eines zeitlich zurückliegenden Zeitungsartikels (hier sogar ausländischen Artikels) andererseits veranlaßte die Verfasserin zu einer ausführlichen Wiedergabe.

„sind unter den Umständen der technisierten Konsumentengesellschaft kaum noch die geistige Leistung des Einzelnen. Es sind vielmehr Serienfabrikate der Meinungsbildner mit und ohne Anführungszeichen, mit denen das Publikum ständig berieselt wird, ob es will oder nicht. Selbst die Rezeption dieser Bilder ist damit kaum noch ein bewußter geistiger Akt. Die pausenlose Belieferung ertötet den Wunsch nach eigener Stellungnahme weitgehend. Der Dialog und damit die persönliche intellektuelle Anstrengung wird auf ein Minimum reduziert. Der „Kulturkonsument“ unserer Tage lebt geistig aus zweiter Hand.

Diese Überwucherung des kulturellen Lebens durch das „Showbusiness“ in seinen vielfältigen Formen ist eine Art von schleichender Freiheitsberaubung. Die passive Rezeption konfektionierter Kulturinhalte von unterschiedlichem Wert zielt auf eine allgemeine Hörigkeit des Publikums ab, die mit dem Begriff des Konformismus nur unvollkommen umschrieben ist ...“

Zur Bedeutung von Rundfunk und Fernsehen — in diesem Zusammenhange auch des Films — als Massenkommunikationsmittel des „gesprochenen Wortes“ ist als Unterschied zum „gedruckten Wort“ festzustellen, daß ihre zeitliche Wirkungsweise nicht vom Konsumenten, sondern vom Produzenten bestimmt wird, wenn auch mit Rücksicht auf die Wünsche, Bedürfnisse und Erwartungen des Konsumenten — hier der Hörer. Diese „Bindung an die Zeit“ schließt naturgemäß das psychologische Hauptmerkmal der höchstmöglichen Verhaltensfreiheit und der zeitlichen Unabhängigkeit des Konsumenten, welches das gedruckte Wort zu bieten hat, aus. Ein wichtiges Merkmal — welches den übrigen Massenmedien naturgemäß fehlen muß — haben Rundfunk und Fernsehen gemeinsam: die „totale Aktualität“ der Gleichzeitigkeit von Ereignis, Übertragung und Empfang[159]. Diese „totale Aktualität“ der Gleichzeitigkeit hat schon mit der Schaffung des Rundfunks die Lebensgewohnheiten der Menschen in hohem Maße verändert. Zwar wurde durch die mittelbare Teilnahme an räumlich entfernten Vorgängen der Einzelne in eine engere Beziehung zu vielen Bereichen des Weltgeschehens gebracht, andererseits jedoch wurde die individuelle Aktivität der Menschen vermindert[160]. Wie weit eine solche Verminderung der individuellen Aktivität gehen kann, zeigt Eberhard[161], wenn er beim Hinweis auf die Gefahr eines Konformismus als Beispiel das anführt, was eine Bauersfrau einem Reporter gegenüber über das Radio sagte:

„... Ich liebe mein kleines Radio, das Radio schwätzt für mich, das Radio denkt für mich, das Radio macht für mich Musik ...“

---

[159] Internationales Handbuch für Rundfunk und Fernsehen, 1962, S. 4/5.

[160] Vgl. Colberg in: Film, Rundfunk, Fernsehen a. a. O. S. 302.

[161] Rundfunk als Organ der öffentlichen Meinung, in: „Gesellschaft und öffentliche Meinung“, Vorträge anläßlich der Hessischen Hochschulwochen für staatswissenschaftliche Fortbildung, 27. Band, 1959, S. 65.

Mit der Schaffung des Fernsehens kam zu diesen Veränderungen noch eine weitere — wichtige — dazu: der nun auch optische Kontakt mit der „Welt von draußen". Wenn schon die „Dauerberieselung" durch den Rundfunk, der sich ein großer Teil der heutigen modernen Menschen aussetzt, zu einer gewissen inneren Verarmung und zur Kritiklosigkeit führte, so wurde diese Entwicklung durch das Hinzutreten der bildhaften Darstellung noch erheblich verstärkt[162]. Denn nun war auch die Vorstellungskraft, die zur Ergänzung des „nur" gesprochenen Wortes noch notwendig war, nicht mehr erforderlich.

2. *In rechtlicher Hinsicht*

Die zahlenmäßige Entwicklung der Massenkommunikationsmittel einerseits und ihre soziologische Bedeutung andererseits weisen zugleich schon auf ihre rechtliche Problematik hin:

a) Jede Polemik, die durch Massenkommunikationsmittel verbreitet wird und objektiv eine Rufgefährdung in sich birgt, ist heute ungleich vernichtender als früher, als in aller Regel Polemiken auf einen kleinen Kreis von Menschen beschränkt waren. Ein solcher Angriff auf Ehre und soziale Geltung des Einzelnen ist in seiner Wirkung gegenüber früheren Zeiten nicht nur extensiv, sondern auch intensiv verstärkt[163]. Grünhut[164] führt dazu aus, daß die modernen Massenmedien zwar in ungeahntem Maße ein wachsendes Bedürfnis nach Gleichzeitigkeit des Miterlebens befriedigen, auf der anderen Seite jedoch dazu beitragen, daß „der einzelne in zunehmendem Maße dem ausgesetzt wird, gehört, gesehen und abgebildet zu werden". Die Gefährdung des Menschen, in seiner Persönlichkeitssphäre verletzt zu werden, liegt also nicht nur in

---

[162] So auch Brobeil in: „Gesellschaft und öffentliche Meinung", Vorträge anläßlich der Hessischen Hochschulwochen für staatswissenschaftliche Fortbildung, 33. Band 1960, S. 77: „Das Bild unterstützt das Wort, illustrierend und demonstrierend. Offenbar wird das Bild als dokumentarisch empfunden und überzeugt stärker als das reine Wort."

[163] Dazu Grünhut a. a. O. S. 319; Arndt a. a. O. S. 10: „Der Einfluß der Illustrierten, des Films, der Hör- und Fernsehspiele auf das, was für *wahr* gehalten wird, kann kaum überschätzt werden ..."; Kohlhaas, Ehrenschutz, a. a. O. S. 7: „Was hilft heute eine Berichtigung in dem Blatt, welches Falsches berichtet hatte, wenn die Nachricht sofort aufgegriffen und um die halbe Welt gefunkt worden ist?"; Siebert a. a. O. S. 1369: „Presse, Rundfunk, Kamera und Tonband vermehren zwar die Wahrheit millionenfach, sie können aber auch die Unwahrheiten, die Irrtümer und die Verleumdungen millionenfach vervielfältigen."; Mannheim a. a. O. S. 134: „... but their increasing radius" (d. i. Presse und Radio) „of influence and central management from key positions focuses attention on their public responsibility and frequent failure to live up to it".

[164] A. a. O. S. 319.

den gesteigerten Verbreitungsmöglichkeiten der ehrverletzenden Äußerungen und in der entsprechenden Wirkung der Massenmedien auf ihr „Publikum“, sie liegt ferner — „im Zeitalter der Kernenergie und der Elektronen“[165] — noch in den Eingriffsmöglichkeiten der Technik. Der einzelne bedarf deshalb auch des Schutzes gegen unerwünschte psychologische und soziale Auswirkungen hochentwickelter Apparaturen.[166]

b) Frühere Zeitalter hatten es mit dem Phänomen des Pamphlets zu tun, dieser von vornherein subjektiv mit Emotion und Affekten überbelasteten polemischen Publikation. Auch von dieser unterscheidet sich die moderne Situation und damit die Problematik unserer Tage: vielfach ist die subjektive Zielsetzung des einzelnen, etwa des Redakteurs, des Feuilletonisten oder des sonst mehr oder weniger untergeordneten Mitglieds einer Redaktion oder einer Rundfunkanstalt relativ uninteressant und unwesentlich. Das subjektive Moment ist also gegenüber dem dynamischen Pamphlet von ehedem sehr stark in den Hintergrund getreten. In vielen Fällen handelt es sich lediglich um die einfache und nüchterne Abwägung der für die Zeitschrift, die Zeitung oder sonstige Publikationen zu erwartenden Auflagensteigerungen gegen die etwaigen Nachteile einer Veröffentlichung. Keineswegs handelt es sich bei einem solchen Vorgehen um eine echte Meinungsäußerung aus innerer Überzeugung und Notwendigkeit, geschweige denn um einen Beitrag zur Meinungsbildung. Haacke[167] stellt dazu fest, daß alle Variationen des Bekennens oder Verschweigens in den publizistischen, nicht unbedingt in den journalistischen Bereich gehören. Wenn er auf der einen Seite die im Bereich des Journalisten häufig gebrauchten Formulierungen, wie „Wie wir aus eingeweihten Kreisen erfahren“ u. ä. als eine berechtigte Entlastung von der Verantwortung bezeichnet und andererseits feststellt, daß der politische Publizist seine Meinung als Individuum öffentlich bekenne, sie aus klar umrissenen politischen Anschauungen veröffentliche, so macht auch er auf den hier bestehenden Unterschied bei der subjektiven Zielsetzung des einzelnen in der Äußerung seiner „Meinung“ aufmerksam[168]. Habermas[169] stellt mit Recht fest, daß auf dem Wege vom Journalismus der schriftstellernden Privatleute zu den öffentlichen Dienstleistungen

---

[165] Grünhut, A. a. O.

[166] V. Harper and F. James Jr., Law of Torts, Boston and Toronto 1956, Bd. II, S. 794; Süss, a. a. O. S. 190/191.

[167] A. a. O. S. 36.

[168] In diesem Zusammenhange interessant ist die Feststellung von Hagemann, a. a. O. S. 265: „Heute ist die Tagespresse nicht mehr primär ein Organ der Meinungsäußerung, sondern der aktuellen Unterrichtung. Auf direkte Meinungsäußerungen wird entweder überhaupt verzichtet oder sie wird in einen „Naturschutzpark“ verbannt, die editorial page, die, wie Umfragen zeigen, nur geringes Interesse beim Publikum findet.“

[169] A. a. O. S. 208.

der Massenmedien sich die Sphäre der Öffentlichkeit durch das Einströmen privater Interessen, die in ihr privilegiert zur Darstellung kommen, verändert. Auf diese Frage jedoch wird noch unten[170] eingegangen werden.

An dieser Stelle soll im folgenden nun auf die Interessen-Sphären eingegangen werden, die nach dem Aufgezeigten bei einer Wahrnehmung berechtigter Interessen zur Abwägung kommen: Das Interesse des einzelnen, in seiner Ehre nicht verletzt zu werden und das Interesse der Öffentlichkeit an einer Meinungsbildung schlechthin. Dabei wird vor allem eine eingehende Durchleuchtung dieser „öffentlichen Interessen", die als Beitrag zur Meinungsbildung und Meinungsfreiheit ein wesentlicher Bestandteil einer demokratischen Staatsform sind, erforderlich sein. Denn „es muß", so führt Hirsch[171] mit einem Hinweis auf Kant[172] zutreffend aus, „jeder von seiner Freiheits- und Privatsphäre so viel ablassen und opfern, als es der Zwang zum Zusammenleben und Miteinander-Auskommen-Müssen erfordert, ohne daß aber hierdurch die Würde des Menschen als eines auf Grund freier Willensbestimmung nach Vernunftgründen handelnden, d. h. urteilsfähigen und selbstverantwortlichen Wesens, *im Kern* angetastet wird".

2. Kapitel

Die sich bei der Wahrnehmung öffentlicher Interessen gegenüberstehenden Interessensphären

§ 9

Die Ehre als Rechtsgut

In den meisten Definitionen der Ehre wird diese einerseits als angeborener Menschenwert, als Menschenwürde[173], die der Mensch mit allen gemeinsam hat, und zum anderen als Ruf, also sozialer Wert und Achtungsanspruch hinsichtlich des Urteils seiner Mitmenschen, bezeichnet.[174] Deshalb soll auch hier zwischen sogenannter „innerer" und „äußerer" Ehre unterschieden werden.

---

170 §§ 12; 13.

171 A. a. O. S. 9.

172 Metaphysik der Sitten, Akademie-Ausgabe, Bd. VI, S. 229.

173 Vgl. dazu auch die Ausführungen in § 6.

174 Nipperdey, Würde des Menschen, a. a. O. S. 1; ders. in: Enneccerus-Nipperdey, a. a. O. S. 589; ders., Persönlichkeitsrecht, a. a. O. S. 1; Binding, Ehre, a. a. O. S. 5; Dohna, Neue Mittel des Ehrenschutzes, ZStW 57, 158; Frank a. a. O. Anm. I vor 185; Kern, Beleidigung, a. a. O. S. 338; Kohlrausch-Lange a. a. O. Anm. II vor § 185; Löffler, Kommentar, a. a. O., Anm. 4 vor

1. Die innere Ehre

Im Laufe der geschichtlichen Entwicklung war der Ehrbegriff im juristischen Sinne immer „heiß umstritten" und ist es auch noch heute[175]. Fest steht lediglich, daß das Wort „Ehre" in den verschiedensten Sprachen und Auslegungen nichts weiter bedeutet als den „Wert der Person"[176], und daß die Ehre aus einem Achtungsanspruch — oder Geltungsanspruch — des einzelnen oder einer Gruppe von Menschen gegenüber der Allgemeinheit besteht, „der von der Rechtsordnung, und zwar speziell von den Rechtsvorschriften über den Ehrenschutz, gegen Angriffe geschützt ist".[177]

Bei der Auslegung des Wertes einer Person legt Rehbinder[178] mit Recht drei verschiedene Wertungsmaßstäbe an und unterscheidet damit drei verschiedene Wertkreise der Persönlichkeit: den rechtlichen, den sittlichen und den sozialen Wert[179]. Dieser Auslegung ist um so mehr zuzustimmen, als sie die Möglichkeit bietet, auseinandergehende Auffassungen in diesem Zusammenhange zusammenzufassen. Und zwar die Auffassungen vom Angriffspunkt einer Ehrverletzung, die sich — so Mezger[180] — ohnehin nicht scharf trennen lassen: die menschlich-sittliche und die rechtlich-soziale Seite einer Person.

Bei einer Eingliederung der inneren Ehre in die genannten drei Wertungsbereiche wird klar, daß ein Teil dessen, was den Wert eines Menschen ausmacht, sein angeborener Menschenwert ist, der sich sowohl im rechtlichen, als auch im sittlichen Wertungsbereich findet. Diese im Grundgesetz in Art. 1 verankerte „Würde des Menschen" liegt allein in seiner Existenz begründet und ist nach dem Willen des Gesetzgebers „unantastbar" und auch unverlierbar[181]. Wenn der BGH in BGHSt 11, 71 ausführt:

„Wesentliche Grundlage der inneren Ehre und damit Kern der Ehrenhaftigkeit des Menschen ist die ihm unverlierbar von Geburt an zuteilgewordene Personenwürde, zu deren Unantastbarkeit sich das Grundgesetz

---

§§ 185 ff.; MATTIL a. a. O. S. 32; MEZGER a. a. O. S. 95; SCHWARZ a. a. O. Anm. 1 A zu § 185; WELZEL a. a. O. S. 253; BGHSt 1, 289; 11, 70.

[175] Vgl. MEZGER a. a. O. § 33, S. 95/96; SCHÖNKE-SCHRÖDER a. a. O. Anm. I vor § 185; REHBINDER a. a. O. S. 47 (mit weiteren Hinweisen).

[176] v. IHERING, Der Zweck im Recht, Bd. II, 5. Aufl. 1916, S. 392 ff.

[177] *H. M.* BGHSt 1, 289: „Anspruch auf Achtung der Persönlichkeit"; KOHLRAUSCH-LANGE a. a. O. Anm. II vor § 185; SCHAEFER in LK a. a. O. Anm. I vor § 185; SCHÖNKE-SCHRÖDER a. a. O. Anm. I vor § 185.

[178] A. a. O. S. 51.

[179] REHBINDER a. a. O. S. 51 mit Hinweis auf SCHAEFER in LK a. a. O. Anm. I 1 vor § 185.

[180] A. a. O. § 33, S. 96.

[181] *H. M.* Für viele v. MANGOLDT-KLEIN a. a. O. III, 3, a) bis d); NIPPERDEY Würde des Menschen, a. a. O. S. 1 ff.

der Bundesrepublik in Art. 1 bekennt und deren Achtung und Schutz es ausdrücklich aller staatlichen Gewalt zur Pflicht macht. Aus der inneren Ehre fließt der durch § 185 StGB strafbeschwerte Rechtsanspruch eines jeden, daß weder seine innere Ehre noch sein guter äußerer Ruf geringschätzig beurteilt oder gar völlig mißachtet, daß er vielmehr entsprechend seiner inneren Ehre behandelt werde",

so muß daraus entnommen werden, daß er unter „Ehre als geschütztes Rechtsgut" sowohl die innere als auch die äußere Ehre verstanden wissen will. Eine Verbindung dieser beiden Ehrbegriffe ist darin nicht zu sehen und wurde vom BGH auch sonst noch nicht festgelegt. Wohl aber verzichtet der BGH auf jegliche subjektiven Wertungen des Begriffs, wie „Ehrgefühl" oder „Ehrempfinden". Diese subjektiven Wertungen, die schon Binding[182] als „alte unjuristische Gefühlstheorie" bezeichnet, werden immer wieder bei der Auslegung des juristischen Ehrbegriffes mit herangezogen[183]. Als Hauptargument dafür, daß der subjektive Ehrbegriff für eine rechtliche Betrachtung der Ehre auszuscheiden hat, ist zu sagen, daß Begriffe, wie Ehrgefühl, Ehrbewußtsein o. ä., doch im wesentlichen davon abhängen, wie der Mensch sich selbst bewertet. Bei einer Unter- oder Überschätzung oder bei der Unfähigkeit eines Menschen, seinen Eigenwert überhaupt zu erkennen und einzuschätzen, würde sich seine Schutzwürdigkeit entweder verschieben oder sie wäre gar nicht vorhanden[184]. Das aber würde dem Sinn der Menschenwürde entgegenstehen.

Zu den Ausführungen des BGH ist jedoch noch darauf hinzuweisen, daß der „Kern der Ehrenhaftigkeit", die Menschenwürde, zwar ein wichtiger, aber nicht der einzige Bestandteil der inneren Ehre ist. Der Mensch darf nicht nur unter dem Gesichtspunkt seiner bloßen Existenz in seiner Ehrenhaftigkeit gewertet werden, bei einer solchen Wertung ist auch sein Verhalten in der menschlichen Gemeinschaft mit heranzuziehen: seine Rechtlichkeit für den rechtlichen Wert, seine Haltung gegenüber ethischen Pflichten innerhalb der Gemeinschaft für den sittlichen Wert, und schließlich noch die Erfüllung seiner sozialethischen Pflichten zusammen mit den Aufgaben, die ihm aus seiner sozialen Rolle — besonders in beruflicher Hinsicht — erwachsen, für den sozialen Wert.

Dieser Bestandteil der inneren Ehre ist nicht angeboren, sondern muß erst erworben werden[185].

---

[182] Lehrbuch, a. a. O. S. 133.

[183] So DOHNA, a. a. O. S. 158; MEZGER a. a. O. § 33, S. 95, OLSHAUSEN a. a. O. Anm. 1 a vor § 185.

[184] In diesem Sinne auch REHBINDER a. a. O. S. 49.

[185] Zur Wertungsfrage in diesem Bereich vgl. REHBINDER a. a. O. S. 52.

2. Die äußere Ehre

Wie oben[186] festgestellt wurde, hat der BGH weder in der angeführten Entscheidung noch auch später dargelegt, in welchem Verhältnis innere und äußere Ehre zueinander stehen, sondern unter „Ehre als geschütztes Rechtsgut" lediglich diese beiden Ehrbegriffe zusammengefaßt. Auch in der Literatur konnte eine Einigung über dieses Verhältnis und ferner darüber, welcher der beiden Begriffe als eigentliches Rechtsgut der Beleidigung zu betrachten sei, noch nicht erzielt werden. Drei Gruppen unterscheiden sich hier:

Die eine Gruppe betrachtet lediglich die äußere Ehre — also den Ruf, den Achtungsanspruch hinsichtlich des Urteils der Mitmenschen — als geschütztes Rechtsgut im Sinne des Beleidigungsrechts[187]. Sie weisen zwar zutreffend darauf hin, daß der wirkliche Wert eines Menschen nicht verletzbar sei, übersehen aber gleichzeitig, daß aus diesem wirklichen, inneren Wert des Menschen ein Anspruch erwächst, von der gesamten Umwelt entsprechend geachtet zu werden.

Eine andere Gruppe bezieht in das geschützte Rechtsgut sowohl die äußere Ehre als auch das subjektive Ehrgefühl ein[188]. Die Bedenken gegen diese Ansicht wurden oben schon bereits dargelegt.

Die dritte Gruppe vertritt mit dem BGH die Ansicht, daß man unter Ehre im rechtlichen Sinne sowohl die äußere Ehre, als auch den Achtungsanspruch, der aus der inneren Ehre erwachse, verstehen müsse[189].

Bejaht man die Tatsache, daß diese beiden Ehrbegriffe eng zusammengehören[190], so wird man nach den vorangegangenen Darlegungen den Gesamtbegriff der Ehre so formulieren können, daß „Ehre" der Anspruch des Menschen auf diejenige soziale Geltung ist, die ihm auf Grund seiner Menschenwürde *und* seiner Stellung und Leistung in der Gemeinschaft zukommt[191].

---

[186] BGHSt 11, 71.

[187] So LÖFFLER, Kommentar a. a. O. Nr. 4 vor §§ 185 f.; OLSHAUSEN a. a. O. (in der 11. Aufl.) Anm. 2 zu § 185; in gleichem Sinne auch BOCKELMANN in GrStRK, Bd. IX, S. 18 und S. 477 ff.

[188] DOHNA a. a. O. S. 158; MEZGER a. a. O. § 33, S. 95, OLSHAUSEN a. a. O. (12. Auflage) Anm. 1 a vor § 185.

[189] KOHLRAUSCH-LANGE a. a. O. Anm. II vor § 185; FRANK a. a. O. Anm. I vor § 185; KERN, Beleidigung, a. a. O. S. 338; SCHWARZ a. a. O. Anm. 1 A zu § 185.

[190] KERN a. a. O. S. 338.

[191] So auch GrStRK, Bd. IX, S. 456.

§ 10

Interessen der Öffentlichkeit als Rechtsgut

Im Zusammenhang mit der Wahrnehmung berechtigter Interessen der Öffentlichkeit wird in Literatur und Rechtsprechung[192] häufig von „öffentlichem Interesse" gesprochen. Zur begrifflichen Klärung sei hier herausgestellt, daß zwischen diesen Interessen ein Unterschied besteht. „Öffentlich" im eigentlichen Sinne leitet sich aus dem lateinischen „publicus", also vom Staat, ab. Schneider[193] definiert deshalb mit Recht: „Öffentlichkeits-Interesse" ist das Interesse an der Öffentlichkeit (als staatsbildender Gemeinschaft). Beide Interessen können zusammenfallen, sie können jedoch auch divergieren. Als Beispiel sei genannt: das Leben eines Filmstars oder -„sternchens" kann zwar dem Interesse der Öffentlichkeit begegnen, nicht jedoch einem „öffentlichen Interesse" im genannten Sinne. Innerhalb dieses Abschnittes geht die Verfasserin zunächst von den „Interessen der Öffentlichkeit" aus.

Daß „öffentliche Interessen" berechtigte Interessen im Sinne des § 193 sein können, ist heute unbestritten[194]. Im Gegensatz zum RG[195] erkennt auch der BGH[196] die generelle Bedeutung dieser Interessen an.

Es wird nun zu prüfen sein, welche der Interessen der Öffentlichkeit im Sinne des § 193 berechtigt sind.

Grundsätzlich wird man innerhalb der Interessen der Öffentlichkeit zwei große Gruppen unterscheiden können:

a) Das Interesse an Unterrichtung durch Berichterstattung und Kritik — kurz das Interesse an Information genannt;
b) Das Interesse an Unterhaltung, das man wohl besser als „Bedürfnis" nach Unterhaltung bezeichnet.

1. *Das Interesse an Information*

Zur Kennzeichnung der öffentlichen Interessen ist als erstes festzustellen, daß sie zwar überall als gegeben vorausgesetzt, aber fast nirgendwo näher charakterisiert oder gar begründet sind.[197]

Der BGH[198] beschränkt sich darauf, festzustellen, daß ein „Interesse der Öffentlichkeit an angemessener Unterrichtung" bei der Behandlung politischer Angelegenheiten in der Regel zu bejahen sein werde. Eine

---

[192] BVerfGE 12, 113 (NJW 61, 819); SCHÖNKE-SCHRÖDER a. a. O. Anm. III 3 a zu § 193; ENNECCERUS-NIPPERDEY a. a. O. gebraucht auf S. 590 beide Begriffe.

[193] A. a. O. S. 125.

[194] Für viele SCHÖNKE-SCHRÖDER a. a. O. Anm. III 3 a zu § 193, ferner Entwurf StGB — § 178 — in Bundesratsdrucksache 270/60.

[195] RGSt 59, 415; 63, 231.

[196] BGHZ 3, 271; 31, 308; BGHSt 12, 287.

[197] Vgl. dazu auch § 12.

[198] BGHZ 31, 308.

weitergehende Überlegung bringt Coing[199], der für die Abgrenzung der hier in Frage stehenden „Öffentlichkeit" zwei Gesichtspunkte in Betracht kommen läßt. Objektiv gesehen fallen danach in den Bereich der Öffentlichkeit diejenigen Lebensbereiche, „die sich jedenfalls in einer freien Gesellschaft wesensgemäß in allgemeiner Diskussion und Auseinandersetzung entwickeln, wie etwa die Politik und Wissenschaft". Subjektiv gesehen „ist dem Bereich der Öffentlichkeit (schon das und) alles zuzurechnen, was in irgendeiner Weise das Interesse einer größeren Zahl von einzelnen, der sogenannten breiteren Öffentlichkeit, erregt". Diese beiden Bereiche decken sich zwar teilweise, jedoch nicht völlig, denn das, „was in irgendeiner Weise das Interesse der sogenannten breiteren Öffentlichkeit" erregt, erstreckt sich, wie auch Bussmann[200] feststellt, „nicht nur auf die Vorgänge des ganzen politischen Lebens, sondern häufig oder gerade auf Vorgänge intimerer Art aus dem Leben des lieben Mitmenschen". Dies zeigen insbesondere die oben[201] erwähnten Auflagenziffern bei Zeitungstypen wie „Bild"[202] oder der Illustrierten. Sie stehen auch der Ansicht Coings[203] entgegen, daß sich die „breite Öffentlichkeit" in der Regel nicht „um den Bereich des privaten Lebens" kümmere. Ideal klingt zwar Coings weitere Folgerung,[204] „so erregend lokaler und gesellschaftlicher Klatsch als Unterhaltung für den einzelnen auch sein mag, dem Interesse der breiteren Öffentlichkeit begegnet er eben nicht", sie entspricht jedoch nicht der Realität.[205] Im Zeitalter der Verminderung der individuellen Aktivität des Menschen,[206] der „Vermassung"[207] *wächst*

---

199 A. a. O. S. 14.

200 Persönlichkeitsrecht a. a. O. S. 202.

201 § 7, Abs. 1.

202 Vgl. dazu § 8, Fußnote 149; ferner die daran anschließende Feststellung Haackes (a. a. O. S. 152): „Kulturkritiker sehen in ihr (d. i. „Bild-Zeitung") nur ein täglich erscheinendes Magazin, welches die Verflachung und Vermassung fördere. Andere deuten sie als zeitgemäße Antwort auf die Wünsche der Bevölkerung." — Zu den Illustrierten sagt Haacke a. a. O. S. 178, daß man zu sehr auf das Publikum höre und allzugetreu seinen Neigungen folge. „Man hat darüber die publizistische Aufgabe vergessen, das Publikum zu bilden, und ganz und gar die Pflicht, es in seinen politischen Anschauungen beratend zu festigen."

203 A. a. O. S. 14.

204 A. a. O. S. 14.

205 Vgl. dazu Henkel a. a. O. S. 67, der mit einem Hinweis auf Eltzbacher, Schutz vor der Öffentlichkeit, 1913, ausführt, daß die Presse „der Neugier und Sensationslust des Publikums vielfach weiter entgegenkommt, als es ihrer Aufgabe entspricht und dienlich ist"; Schneider a. a. O. S. 82, zählt das „von nicht wenigen Blättern praktizierte Spekulieren auf die niedrigen Instinkte im Menschen und die damit verbundene geschmackliche Depravation und Verschüttung der inneren Werte zu den entwürdigendsten Folgen des Dualismus".

206 Vgl. dazu § 8.

207 Riesman a. a. O. passim.

geradezu das Interesse des Menschen an Nachrichten über das Privatleben anderer,[208] das nur zu einem geringen Teil eine Erscheinung echter Anteilnahme ist. Zum weitaus größeren Teil handelt es sich um ein Interesse an reinem Klatsch, das sich häufig sogar hinter einer „pharisäerhaften“ Haltung verbirgt. Diese Haltung ist einesteils dadurch gekennzeichnet, daß sie es „dem einzelnen verbietet, sich zu einem Interesse für solchen Gesprächsstoff zu bekennen“.[209] Zum anderen verleiht sie einer großen Zahl geistig inaktiver Menschen wenigstens das Gefühl: Ich aber bin nicht so wie jene!

Es ist jedoch nicht nur das auf der menschlichen Neugierde beruhende Bedürfnis nach Klatsch, das sich in der modernen Zeit immer mehr vergrößert. In gleicher Weise wächst auch das Interesse an der Sensation, an dieser heftigen, aber nur oberflächlichen, im Augenblick packenden, aber rasch verfliegenden Erregung, die weder Fruchtbarkeit noch Dauer erzeugt[210]. Die Sucht nach der Sensation, dieser fesselnden Erregung, die dem passiven Individuum wenigstens zeitweilig das Gefühl zu geben scheint, über einen allgemeinen — und vor allem seinen eigenen — Rahmen hinauszuragen, fand sich auch in der Vergangenheit bei einem großen Teil der Menschen. In unserem Zeitalter jedoch, in dem die innere Verarmung Vieler[211], in dem der Konformismus das soziologische Zeitbild weitgehend beherrschen, bildet sie für breite Schichten der Öffentlichkeit geradezu einen fast lebensnotwendigen „Thrill“,[212] der sie aus ihrer geistigen Uniformität einerseits und aus der Gleichförmigkeit der Masse andererseits herauszuheben scheint, wobei es für diese Menschen wesentlich ist, daß sie bei dem „Genuß“ solcher Sensationen trotzdem in ihrer Passivität verharren können.

Es ist also festzustellen, daß sich das „öffentliche Interesse an Information“ nicht nur auf das beschränkt, was unter „allgemeinem Interesse“[213] vorausgesetzt wird: die Bereiche von Politik, Wirtschaft, Wissenschaft, Kultur und Sport“, sondern sich — zum Teil noch in viel stärkerem

---

[208] So führt der „Observer“ v. 2. 7. 1961 aus, daß Klatsch heute begehrter sei als Pornographie; Habermas a. a. O. S. 187 stellt zu diesem „Wachstum“ zu Recht fest, daß das „kulturkonsumierende Publikum“ eine „bemerkenswerte Dominanz“ erlange.

[209] Rehbinder a. a. O. S. 46.

[210] Vgl. Guardini a. a. O. S. 61.

[211] Dazu § 8.

[212] Der englische Ausdruck ist hier nicht als „Schlagwort“, sondern als die in diesem Zusammenhang treffendste Bezeichnung eines inneren Bedürfnisses gewählt worden.

[213] So das Schweizer Bundesgericht, BGE 37 I, 377 (zit. Begründung des Entwurfs eines Gesetzes zur Neuordnung des zivilrechtlichen Persönlichkeits- und Ehrenschutzes, BT. Drucksache 1237, S. 72); Klingsporn a. a. O. S. 4.

Maße — auf Bereiche konzentriert, die der privaten Sphäre der „Mitmenschen" zuzurechnen sind. Ferner besteht ein „öffentliches Interesse" an sensationellen Informationen, welches sich auf *alle* obengenannnten Bereiche erstrecken kann und einesteils in der sensationellen Tatsache als solcher, zum anderen in einer sensationellen Aufmachung oder Berichterstattung von an sich rein sachlichen oder durchschnittlichen Tatsachen[214] liegen kann. Die hohe Auflage der sogenannten Massenblätter (also der Zeitungen vom Zuschnitt eines „Bild", der Illustrierten und der wöchentlich erscheinenden Sensationsblätter wie „Wochenend" u. ä.[215] zeigt, daß diese Blätter es verstanden haben, „Information mit Unterhaltung" (Unterhaltung in diesem Zusammenhang bezieht sich dabei auf Klatsch und auf Sensationen) „so zu verquicken, daß daraus ein für jeden leicht verdaulicher Brei entsteht[216]". Ein Brei, der nicht nur leicht verdaulich ist, sondern den das entsprechende Leserpublikum auch ohne große Anstrengung aufnehmen kann.

Auf eine eingehende Darlegung, inwieweit die gezeigten Interessen der Öffentlichkeit an Klatsch und Sensation primär bei einer großen Bevölkerungsschicht vorhanden sind und wie weit das Interesse im Einzelfalle erst durch entsprechende Veröffentlichungen geweckt oder verstärkt wurde, soll hier verzichtet werden.

Herauszustellen ist, welche dieser „öffentlichen Interessen an Information" schutzwürdig im Sinne des § 193 sind und für die Abwägung mit dem Interesse des Einzelnen, in seiner Ehre nicht verletzt zu werden, in Frage kommen.[217] Denn es genügt nicht, lediglich zu verlangen,[218] das „öffentliche Interesse" müsse „echt" oder „ernsthaft"[219] sein, um ihm die Berechtigung des § 193 zuzubilligen.

---

[214] SCHNEIDER a. a. O. S. 82 zitiert dazu Ausführungen FRIEDMANNS (Grundsatzreferat „Die Ausbildung des publizistischen Nachwuchses" — gehalten am 8. 1. 1960 in der „Deutschen Studiengesellschaft für Publizistik" in München) „... die Zeitung müsse sich heute besonderer Reizmittel bedienen ..." oder „... ‚die Zeitung muß immer attraktiver werden, wie auch das Revue-Theater immer mehr zeigen muß, um das Publikum herbeizuholen.'" — Dazu auch HAGEMANN a. a. O. S. 267: „Ein pikant serviertes Angebot führt einerseits zu entsprechend steigender Nachfrage nach dieser Kost bei der Leserschaft ... Die sensationslüsternen Leser freuen sich der Resultate dieser Reizpublizistik ..."

[215] Vgl. § 7 Abs. 1; dazu ferner KIESLICH a. a. O. S. 98, der feststellt daß die von diesem Pressetyp bevorzugten Themen sich nicht auf Bereiche beziehe, „die einer vorwiegend rational-intellektuellen Durchdringung" bedürfen, sondern daß die „Meinungsbildung der heutigen Boulevard-Presse" ausschließlich auf der emotionalen Ebene liege.

[216] SCHNEIDER a. a. O. S. 61.

[217] Dazu § 11.

[218] Wie § 395 (398) Abs. 2 „... die einem ernsthaften Bedürfnis nach Unterrichtung der Öffentlichkeit ..." des Fassungsvorschlages der Sachbear-

Kein Gesetz wird je — wie Erdsiek[220] klar formuliert — „die Innehaltung von Takt und Geschmack erzwingen können“, da sich der Massengeschmack auch künftig an billiger Ware befriedigen werde. Die Duldung durch den Gesetzgeber habe jedoch im Interesse jedes einzelnen dort ihre Grenzen, „wo es sich um rechtswidrige, durch kein schutzwürdiges Interesse gedeckte Eingriffe in die private Sphäre handelt“.

Als ein schutzwürdiges Interesse der Öffentlichkeit an Information wird man vor allem ein Interesse bezeichnen können, das sich auf die Bereiche von Politik, Wirtschaft, Wissenschaft, Kultur und Sport[221] bezieht. Daß innerhalb dieser Bereiche auch ein Eingriff in die private Sphäre von auf diesen Gebieten tätigen — vor allem leitenden oder führenden — Menschen gerechtfertigt sein wird, dürfte dann zu bejahen sein, wenn es sich um die berechtigte und erforderliche Aufdeckung von Mißständen handelt[222], oder wenn sachliche Kritik geübt wird, zu deren richtiger Wertung auch persönliche Angaben erforderlich sind[223]. Ferner wird sich die sachliche und persönliche Seite bei der Kritik im Rahmen der ersten Alternative des § 193 (Tadelnde Urteile über wissenschaftliche, künstlerische oder gewerbliche Leistungen) schwer trennen lassen[224].

Nicht schutzwürdig jedoch wird ein Interesse sein, das lediglich auf dem Sensationsbedürfnis und der Sensationslust der großen Masse beruht, oder das nur der Befriedigung der Neugierde dienen kann.[225] Interessen

---

beiter des Bundesjustizministeriums zum Thema „Beleidigung“ — Umdruck J 90 — S. 452, GrStrK, Bd. IX.

[219] Dazu vor allem KOFFKA in GrStrK Bd. IX, S. 81: „Gerade die Skandal- und Sensationspresse wird unter Hinweis auf ihre Auflagenziffern dartun, in welchem Maße im Publikum das Verlangen nach derartigen Berichten verbreitet sei.“

[220] In: „Umwelt und Recht“ a. a. O. S. 1720.

[221] Vgl. S. 41/42; Schweizer Bundesgericht in BGE 37, I, 377; ohne diese genaue Definition im wesentlichen auch der Standpunkt der deutschen Rechtsprechung: BGHSt 12, 287; BGHZ 31, 308; 36, 77 (NJW 62, 32).

[222] So auch ERDSIEK, „Umwelt und Recht“ (Entwicklung) a. a. O. S. 1720; KOEBEL, Tagespresse, a. a. O. S. 674.

[223] So mit Recht HEINEMANN a. a. O. S. 892, wenn er ausführt, daß es der politische Kampf um Mehrheit und Macht in einem freiheitlich demokratischen Staat unausweichlich mit sich bringe, daß sich die „Beteiligten“ wechselseitig über die Person ihrer Gegner äußern.“ — Diese wechselseitige Äußerung über die Person darf jedoch nicht den Zweck zum Gegenstand haben, den politischen Gegner *durch* Aufdeckung seines Privatlebens unmöglich zu machen. — In diesem Sinne auch RGSt 40, 103.

[224] SCHÖNKE-SCHRÖDER a. a. O. Anm. III 1 zu § 193; SCHWARZ a. a. O. Anm. 3 zu § 193.

[225] RGSt 36, 422; BGHZ 24, 200; OLG München in UFITA 29, 107; WEITNAUER in Erman a. a. O. Anhang zu § 12, 8 d cc; BUSSMANN, Persönlichkeitsrecht, a. a. O. S. 205; HELLE a. a. O. S. 120; ders. in NJW 61, 1901; KOEBEL,

dieser Art und ihre Wahrnehmung durch die Massenmedien werden deshalb keinen Beitrag zur Meinungsbildung darstellen können, weil es hier an einem ernstzunehmenden Bestreben in dieser Richtung fehlt.[226] Denn nur derjenige kann einen wirklichen Beitrag zur Meinungsbildung leisten, der diesen Beitrag auch leisten *will.*

Dieser Gedanke scheint uns um so zwingender begründet zu sein, als er bereits in einem viel grundsätzlicheren Bereich vorgebildet worden ist. Im Anschluß an Radbruch hat bekanntlich der BGH[227] in ständiger Rechtsprechung entschieden, daß die Rechtsqualität einer gesetzlichen Vorschrift oder sonstigen juristischen Norm unter Umständen davon abhängt, ob überhaupt *angestrebt* wurde, Recht zu schaffen.[228]

Ebensowenig schutzwürdig sind auch öffentliche Interessen, die die „Propagierung der Wünsche einzelner Interessentengruppen"[229] zum Inhalt haben.[230] Für die Ablehnung dieser Schutzwürdigkeit wird man vor allem den Ausspruch Kants heranziehen können: „Recht ist der Inbegriff der Bedingungen, unter denen die Willkür der einen mit der Willkür der anderen nach einem allgemeinen Gesetz der Freiheit zusammen vereinigt werden kann."

Unberechtigt im Sinne der Schutzwürdigkeit ist auch das Interesse an wissentlich falschen Behauptungen, die zur Strafverfolgung eines anderen führen sollen.[231]

2. *Das Bedürfnis nach Unterhaltung*

Die Frage, ob das Bedürfnis der Öffentlichkeit nach Unterhaltung und seine Befriedigung durch die verschiedenen Massenmedien als ein Beitrag zur öffentlichen Meinungsbildung und in diesem Sinne als ein schutzwürdiges Interesse im Rahmen des § 193 gewertet werden kann, ist umstritten.[232] Die Schwierigkeit dieses Problems dürfte vor allem darin

---

Tagespresse, a. a. O. S. 674; ders. Film und Fernsehen, a. a. O. S. 37; KOHLRAUSCH-LANGE a. a. O. Anm. IV 2 zu § 193; LIEPMANN a. a. O. S. 24; — als neuere Entscheidung: BGHSt in NJW 63, 667.

[226] In dieser Richtung auch Schneider a. a. O. S. 142; KOEBEL, Film und Fernsehen, a. a. O. S. 37.

[227] BGHSt 2, 238 ff.

[228] So auch KOHLRAUSCH-LANGE a. a. O. System. Vorbem. III 2 d (S. 19).

[229] KOHLRAUSCH-LANGE a. a. O. Anm. IV 2 zu § 193.

[230] Dazu die Feststellung ESCHENBURGS, Herrschaft der Verbände, a. a. O. S. 66, daß die Grundrechte das Individuum zwar vor der Gewalt des Staates, nicht jedoch vor der Macht der Gruppen schützen, die „dank der Grundrechte heute manchmal mehr Möglichkeiten der Herrschaft über ihre Mitglieder haben, als sie der Staat über seine Bürger hat."

[231] So RGSt 34, 223.

[232] Ablehnend: Begründung zum Entwurf eines Ehrenschutzgesetzes, a. a. O. S. 18; v. MANGOLDT-KLEIN a. a. O. S. 245; SCHÜLE a. a. O. S. 23; WEIT-

liegen, daß der Komplex „Unterhaltung" einerseits außerordentlich vielschichtig ist. Bei der Presse reicht er von den „Comic strips über die Witzseiten, Schach- und Rätselecken zu Reiseberichten und lyrischen Gedichten".[233] Beim Rundfunk umfaßt er einmal den gesamten Bereich der musikalischen Darbietungen — also sowohl Tanz- und Unterhaltungsmusik als auch die ernste Musik — ferner den Bereich des gesprochenen Wortes: Hörspiele (ernster und heiterer Art), Reiseberichte, Auszüge aus der Literatur (wie Roman-Lesungen), Übertragungen kabarettistischer Programme u. ä., und beide Bereiche zusammen in der Form von sogenannten „bunten Sendungen". Eine ähnliche Aufteilung gilt auch für das Fernsehen, wobei als weiterer Unterhaltungsfaktor noch der Genuß der bildlichen Darstellung hinzutritt.

Zum anderen ist — wie Schneider[234] feststellt — der Komplex Unterhaltung immer subjektbezogen: „Den einen unterhält das Anspruchsvolle, den anderen das Primitive, einen Dritten sogar das Perverse, das Schlechte, der Kehricht aus dem Leben anderer."

Eine weitere Schwierigkeit liegt in der Abgrenzung zur Information, da — wie oben ausgeführt[235] — Unterhaltung und Information sehr oft zusammengemischt werden.

Zur Frage der Schutzwürdigkeit im Rahmen des § 193 wird für das Unterhaltungsbedürfnis das gleiche gelten müssen, was für das „öffentliche Interesse" an Information festgestellt wurde:[236] Wo lediglich Sensationslust oder -bedürfnis befriedigt werden sollen, kann auch (und erst recht) eine darauf bezogene Unterhaltung nicht schutzwürdig sein. Es wird dabei an einem ernstzunehmenden Bestreben fehlen, einen Beitrag zur Meinungsbildung leisten zu wollen.

Zuzustimmen ist daher *im Grundsatz* der Feststellung Schüles,[237] daß die Verfassung doch wohl darauf verzichtet habe, „den Lesern der Presse einen grundrechtlich abgesicherten Freiheitsraum zu schaffen, in dem lediglich für ihre Kurzweil gesorgt wird".[238] „Kurzweil" — nimmt man den eigentlichen Sinn dieses Begriffes — bedeutet aber, daß mit Hilfe

---

NAUER in Erman, a. a. O. Anhang zu § 12, 8 d cc); *a. A.* KÜSTER a. a. O. S. 24; LÖFFLER, Pressefreiheit, a. a. O. S. 9.

[233] Vgl. SCHNEIDER a. a. O. S. 124.

[234] A. a. O. S. 125.

[235] § 10, 1.

[236] § 10, 1.

[237] A. a. O. S. 23; im Sinne SCHÜLES auch COING a. a. O. S. 9; RIDDER, Meinungsfreiheit, a. a. O. S. 270.

[238] Dazu REINHARDT a. a. O. S. 7/8, der jedoch feststellt, daß es weder mit dem Anliegen eines angemessenen Ehrenschutzes vereinbar sei, noch aus dem Anliegen der Meinungsfreiheit — „selbst nicht in einem weiten Sinne" — motiviert werden könne, „den Zweck der öffentlichen Unterhaltung gleichfalls als berechtigtes Interesse der Öffentlichkeit anzuerkennen.

irgendwelcher Mittel die „Langeweile" — also eine Pause, eine Leere, vielfach sogar eine innere Leere — überbrückt wird. Im Grunde genommen handelt es sich dabei um einen „Zeitvertreib". Es wäre jedoch abwegig, würde man jede Art von Unterhaltung lediglich als „Zeitvertreib" bezeichnen. Sieht man nun das Kriterium für eine rechtliche Schutzwürdigkeit des Unterhaltungsbedürfnisses darin, ob Darbietungen dieses Bereiches einen Beitrag zur Meinungsbildung leisten *wollen*, so kann für die vorliegende Arbeit die verfassungsrechtliche Kontroverse, ob „Appelle an Gefühle und Instinkte" mit zur Meinungsäußerung im Sinne des Art. 5 Abs. 1 Satz 1 GG gerechnet werden *können*,[239] dahingestellt bleiben.

Im Sinne des aufgezeigten Kriteriums ist dann die Ansicht des BVerfG zu werten, die im sogenannten „Fernseh-Urteil[240]" zum Ausdruck kommt:

„Diese Mitwirkung" (d. i. des Rundfunks) „an der öffentlichen Meinungsbildung beschränkt sich keineswegs auf die Nachrichtensendungen, politischen Kommentare, Sendereihen über Probleme der Gegenwart, Vergangenheit oder Zukunft; Meinungsbildung geschieht ebenso in Hörspielen, musikalischen Darbietungen, Übertragung kabarettistischer Programme bis hinein in die szenische Gestaltung einer Darbietung."

Dieser Auffassung des BVerfG ist zuzustimmen, besonders, wenn man sich dabei vor Augen hält, wieviel Zeitkritik unter Umständen in einem unterhaltenden Hörspiel liegen kann, das sich nicht mit politischen Problemen oder Belangen beschäftigt. Hält man sich nun Beethovens „Fidelio", Mozarts „Zauberflöte" oder seine „Hochzeit des Figaro" (um nur einige Beispiele zu nennen) vor Augen, so wird man unschwer erkennen können, welches Maß an Weltanschauung — die doch ohne Zweifel einen Beitrag zur Meinungsbildung leistet — in einer Oper liegen kann, sei es nun in dem ihr zugrundeliegenden Text[241] oder sogar in der Art ihrer musikalischen Ausgestaltung. Das gleiche — was allerdings nur den musikalischen Ausdruck angeht — wird man auch von vielen Symphonien oder symphonischen Instrumentalkonzerten sagen können. Auch mancher in einen sogenannten „Bunten Abend" o. ä. eingestreute Sketch oder ein übertragenes — politisches oder unpolitisches — kabarettistisches Pro-

[239] Zu dieser Frage ausführlich SCHNEIDER a. a. O. S. 37/38.

[240] In: NJW 61, 552. ERDSIEK, Entwicklung, a. a. O. S. 624 lehnt zwar die allgemeine Einbeziehung des Unterhaltungsbedürfnisses in den Schutzbereich des § 193 grundsätzlich ab, gibt jedoch zu, daß „auch unterhaltende Sendungen oder Publikationen" ... Beiträge zur politischen Meinungsbildung enthalten können.

[241] Ein Opernlibretto — wenigstens gilt dies für einen Großteil der Opern — will nicht *nur* „den für den Belkanto nötigen Text" liefern, was SCHNEIDER, a. a. O. S. 38 offenbar übersehen hat.

gramm wird bei Rundfunkhörern oder „Fernsehern" dazu beitragen, sich eine Meinung zu bilden. Aber auch im Bereich des „gedruckten Wortes" wird man nicht *jedem* Unterhaltungsbeitrag die meinungsbildende Wirkung absprechen können[242]. Schneider[243] stellt jedoch zu Recht klar heraus, daß es unrichtig wäre, aus der genannten Auffassung des BVerfG den Schluß zu ziehen — wie es vor allem durch die Wortführer der Unterhaltungspresse geschah — „jede Unterhaltungsbanalität" falle in den Bereich von Art. 5 GG. Richtig ist vielmehr, daß mit Unterhaltung zwar grundsätzlich zur Meinungsbildung beigetragen werden *kann,* aber de facto eben manchmal nicht beigetragen werden *soll.* Darauf aber kommt es zwingend an. Der Ansicht Küsters[244], ein „Höchstmaß von Neugier, Indiskretion, Aufmachung" müsse „diesseits der Angemessenheitsschranke plaziert und damit der Deckung teilhaftig" werden, „weil dies um der Wirkung willen nötig sei, aber auch einfach deshalb, weil das öffentliche Organ Presse doch davon *lebt,* daß es gelesen wird, der ernsthafte Leser jedoch nur wenig Presse zu ernähren vermag", kann nicht zugestimmt werden. Die Wirkung eines Höchstmaßes von „Neugier, Indiskretion, Aufmachung" wird wohl kaum eine ernst zu nehmende Meinungsbildung, eine gewollte Meinungsbildung sein, Seine weitergehende Forderung jedoch, unterhaltenden Darbietungen, die lediglich auf Klatsch, Indiskretion und reißerischer Aufmachung beruhen, deshalb eine rechtliche Schutzwürdigkeit zuzubilligen, weil die Presse doch davon lebe, gelesen zu werden, läßt allerdings die Interessen der Öffentlichkeit völlig außer Betracht und geht zu einseitig von den Interessen der Presse aus.

Das Interesse der Öffentlichkeit wird sich jedoch nicht nur darauf richten, was durch das gedruckte oder gesprochene *Wort* dargeboten wird. Vielfach wird zur Bildung einer Meinung erforderlich sein, daß die Öffentlichkeit sich ein „*Bild*" über ein wichtiges Geschehen „macht"; es ist also auch ein Öffentlichkeits-Interesse an der bildhaften Darstellung wichtiger Vorkommnisse oder Personen vorhanden.

Wenn auch die Veröffentlichung eines Bildes zwar eine Beeinträchtigung der Persönlichkeit im zivilrechtlichen Sinne in sich bergen kann, so braucht sie doch andererseits generell nicht gleichzeitig eine Ehrverletzung im Sinne einer Beleidigung zu sein. Es gibt jedoch Bild-Veröffentlichungen, die durchaus auch die Ehre eines Menschen angreifen können, sei es nun dadurch, daß überhaupt ein Bild veröffentlicht wurde[245], sei es durch die Art und Weise der bildlichen Darstellung[246] oder durch den

---

[242] So auch Koebel, Film und Fernsehen, a. a. O. S. 36.

[243] In: NJW 63, 666.

[244] A. a. O. S. 24/25.

[245] Hier ist vor allem zu denken an Aufnahmen von Angeklagten aus Strafverfahren u. ä.

[246] Z. B. durch Verzerrungen oder nachträgliche Retuschierung.

Zusammenhang, in dem das Bild gebracht wurde[247]. Es ist deshalb zu prüfen, ob und inwieweit das öffentliche Interesse an einer bildhaften Darstellung berechtigt ist.

3. Das Interesse an einer bildhaften Darstellung

Ein solches Interesse dürfte einmal die Darstellung von leitenden und wichtigen Personen aus den Bereichen von Politik, Wissenschaft, Wirtschaft, Kultur und Sport umfassen. Zum anderen wird aber auch ein Interesse an Bildern von öffentlichen Veranstaltungen und Geschehnissen jeglicher Art vorhanden sein. Es handelt sich also um ein Interesse an der „Zeitgeschichte" im Sinne des § 23 Abs. 1 Nr. 1 KUG, welche Ulmer[248] wie folgt definiert:

„Zur Zeitgeschichte gehört nicht nur das politische Geschehen, sondern alles Geschehen, für das eine Information durch Bildbericht im Hinblick auf das Interesse einer breiteren Öffentlichkeit sachentsprechend ist."

Umstritten ist jedoch, was unter „Person" der „Zeitgeschichte" zu verstehen ist. Das RG[249] faßte darunter zusammen:

„Alle Erscheinungen im Leben der Gegenwart, die vom Volk beobachtet werden, bei ihm Aufmerksamkeit finden und Gegenstand der Teilnahme oder Wißbegier weiter Kreise sind."

Hält man sich nun jedoch die in dieser Arbeit an verschiedenen Stellen herausgearbeitete Feststellung vor Augen, daß „Teilnahme oder Wißbegier weiter Kreise eben nicht nur darauf beruhen, sich eine Meinung bilden zu können, sondern vielmehr durch andere Motive — wie Freude am Klatsch, Bedürfnis nach Sensation u. ä. — bedingt sind, so muß man die genannte Definition des RG als zu wenig präzisiert empfinden. Mit Recht hat daher der BGH[250] diese Entscheidung des RG modifiziert und versteht unter „Personen der Zeitgeschichte" nur solche, die durch „ihr Handeln derart in das Blickfeld der Öffentlichkeit" getreten sind, „daß der Allgemeinheit ein nicht nur auf Neugierde und Sensationslust beruhendes, sondern ein durch ein echtes Informationsbedürfnis gerechtfertigtes Interesse an einer bildlichen Darstellung zuzubilligen" ist.[251]

[247] Dies könnte vor allem dadurch geschehen, daß durch die Anordnung von Bildaufnahmen eines ehrenrührigen Geschehens der Eindruck entsteht oder gar entstehen soll, eine an sich unbeteiligte Person sei daran beteiligt.

[248] A. a. O. S. 326.

[249] RGZ 125, 81 ff.

[250] BGHZ 24, 200 (208).

[251] Neumann-Duesberg, Bildberichterstattung, a. a. O. S. 115, stellt nicht auf „bewußtes" bzw. „ungewolltes" Eintreten in die Zeitgeschichte ab, sondern

Darüber hinaus kann jedoch die Zugehörigkeit zur Zeitgeschichte sich auch dann ergeben, wenn kein „Handeln“ der betreffenden Person vorlag. Sie kann schon durch eine Lebensstellung oder durch Geburt (z. B. Kinder regierender Fürsten) begründet sein[252].

Ein Interesse an Abbildungen von Personen, die den aufgezeichneten „Gruppen“ zugehören, wird also dann als berechtigt anzusehen sein, wenn ihm die Absicht — zumindest als Hauptzweck — zugrundeliegt, *durch* die Abbildung einen Eindruck als Beitrag zur Meinungsbildung leisten zu wollen. Nicht schutzwürdig jedoch wird ein in der Öffentlichkeit weit verbreitetes Bedürfnis sein, sich durch die Betrachtung von Bildnissen von „Personen der Zeitgeschichte“ lediglich zu unterhalten[253] oder gar zu amüsieren. Das wird vor allem dann zutreffen, wenn es sich um Bilder aus dem Privatleben der in Frage stehenden Personen handelt, oder aber um solche Bilder, die durch die dargestellte Tatsache als solche oder durch die Art der Darstellung in der Hauptsache dazu geeignet sind und geeignet sein sollen, die Sensationslust der breiten Menge zu befriedigen.

Zusammenfassend ist zu sagen: Interessen der Öffentlichkeit sind nur dann schutzwürdige Interessen im Sinne des § 193, wenn sie dazu geeignet sind und vor allem geeignet sein wollen, zur Meinungsbildung beizutragen. Dies gilt nicht nur für das Gebiet von — wörtlicher und bildlicher — Information und von der Kritik, es kann auch für den Bereich der Unterhaltung gelten.

Interessen der Öffentlichkeit jedoch, denen nur ein Sensationsbedürfnis, die Freude am Skandal, am müßigen Klatsch oder an einer Unterhaltungsbanalität zugrundeliegt, oder die die Propagierung der Wünsche einzelner Interessentengruppen zum Inhalt haben, scheiden für den Rechtfertigungsgrund des § 193 aus. Sie stellen weder den Ehrenschutz überwiegende noch überhaupt schutzwürdige Interessen dar.

Dieser Rechtfertigungsgrund kommt auch dann nicht in Frage, wenn eine direkte oder eine indirekte Einwilligung seitens des Verletzten vor-

unterscheidet zwischen „absoluten“ und „relativen“ Personen der Zeitgeschichte. Dabei versteht er unter „absolut zeitgeschichtlichen Personen“ solche, „bei denen an allem, was nicht zu ihrem Privat- oder Familienleben gehört, sondern ihre Teilnahme am öffentlichen Leben ausmacht, ein Informationsinteresse besteht.“ — „Relativ“ zeitgeschichtliche Personen sind nach seiner Ansicht solche, „die lediglich in Bezug auf ein bestimmtes Geschehen — also nicht in Bezug sämtlicher sie (außerhalb des Privatlebens) angehenden Angelegenheiten — ein sachentsprechendes Informationsinteresse erregen.“ — Zu eng OLG Stuttgart in JZ 60, 126 ff. (129), das bloße Tagesereignisse von der Zeitgeschichte ausschließt. Auch diese können — wie NEUMANN-DUESBERG, a. a. O. mit Recht feststellt, ein berechtigtes zeitgeschichtliches Informationsinteresse hervorrufen.

[252] So auch BUSSMANN, Privatleben, a. a. O. S. 41.

[253] Vgl. OLG Stuttgart in JZ 60, 126 ff. (130).

liegt, der, zum Teil aus Gründen der heute ebenfalls weit verbreiteten Sucht nach „Publicity“, zum Teil auch aus anderen Gründen persönlicher Natur die Preisgabe des eigenen Lebens in jeglicher Form nicht nur nicht fürchtet, sondern in vielen Fällen sogar erstrebt.[254]

---

[254] In diesem Sinne auch BUSSMANN, Persönlichkeitsrecht, a. a. O. S. 202.

3. Abschnitt

DIE LEGITIMATION DES RUNDFUNKS ZUR WAHRNEHMUNG BERECHTIGTER ÖFFENTLICHER INTERESSEN

1. Kapitel

§ 11

Wahrnehmung berechtigter „öffentlicher" Interessen

Die Anerkennung der Schutzwürdigkeit bestimmter Interessen der Öffentlichkeit bedeutet nun jedoch nicht, daß ihre Wahrnehmung den dazu Legitimierten besondere Privilegien zum Aufstellen oder Verbreiten ehrverletzender Äußerungen einräumen würde. Grundsätzlich gelten deshalb diejenigen rechtlichen Anforderungen, die für die Güter- und Interessenabwägung im allgemeinen zu § 193 aufgestellt worden sind, auch für die Wahrnehmung berechtigter *öffentlicher* Interessen.[255]

Die größere Reichweite und Wirkungsweise von Ehrverletzungen, die sich in der Öffentlichkeit abspielen, erfordern sogar eine strenge und verstärkte Einhaltung der für § 193 geltenden Kautelen, besonders hinsichtlich der Erforderlichkeit der Ehrverletzung, der Pflicht zur Nachprüfung und der Legitimation. Letzteres schon deshalb, um frivole, vorlaute oder aufdringliche Einmischungen in die Interessensphären anderer, ohne daß ein innerer Rechtfertigungsgrund dazu vorläge, auszuschalten.[256]

1. *Verstärkte Prüfungs- und Sorgfaltspflicht*

Es ist also bei der Frage nach der Erforderlichkeit der Ehrverletzung darüber hinausgehend erforderlich, zu prüfen, ob „eine *öffentliche* Mitteilung nach Lage der Umstände das gebotene Mittel der Interessenwahrung war" oder ob „nicht eine schwächere Form des Angriffs, etwa eine Anzeige oder eine vertrauliche Erörterung, genügt hätte".[257] Ferner

---

[255] *H. M.* KOHLRAUSCH-LANGE a. a. O. Anm. IV 2 zu § 193; SCHÖNKE-SCHRÖDER a. a. O. Anm. III 3b zu § 193; WEITNAUER in Erman, a. a. O. Anh. zu § 12, 8 d cc; LÖFFLER, Kommentar, a. a. O. Nr. 29 zu § 193; HELLE a. a. O. S. 120; Begründung zum PR-Entwurf, a. a. O. S. 16 ff; BGHZ 3, 271, 24, 200; 31, 308; BGHSt 4, 336; BGH in NJW 52, 194; Vgl. dazu §§ 5, 6.

[256] So SCHAEFER in LK, a. a. O. Anm. III B 2 zu § 193.

[257] BGH in NJW 57, 1149; BayObLG in JMBl Bay. 1952, 44; OLG München in UFITA 29, 107 (109); WEITNAUER in Erman, a. a. O. Anh. zu § 12 8 d cc; HELLE, Rechtswidrigkeit, a. a. O. S. 1901; KOEBEL, Tagespresse, a. a. O. S. 674; *a. A.* LÖFFLER, Kommentar, Anm. 15 zu § 193.

werden, wie bereits dargelegt,[258] an die Pflicht zur Nachprüfung derjenigen Informationen, die zu einer öffentlichen Ehrverletzung führen können, strenge Anforderungen gestellt. Denn nur bei einer zutreffenden Unterrichtung kann sich der Leser[259] — oder beim Funk der Hörer — eine richtige Meinung bilden. Diese Anforderung kann und soll jedoch nicht bedeuten, daß eine solche Nachprüfungspflicht überspannt wird.[260] Hier ist der Ansicht Coings[261] zuzustimmen, daß, „wenn die Presse auch in der Regel nicht mit Methoden wissenschaftlicher ... Wahrheitsermittlung arbeiten kann, sie doch die Richtigkeit der von ihr eingebrachten Nachrichten mit derjenigen Sorgfalt prüfen muß, die nach ihrer eigenen Standesauffassung von einem Journalisten unter den Bedingungen seiner Arbeitsweise verlangt werden kann und muß." Voraussetzung dazu ist allerdings, daß eine solche „Standesauffassung" bei dem betreffenden Journalisten überhaupt vorliegt. Eine so gekennzeichnete Abgrenzung der Anforderung an die Informationspflicht wird auch für den Bereich von Rundfunk und Fernsehen gelten können. Denn einerseits spielt zwar in diesem Bereich die Aktualität der Nachricht eine besonders große Rolle, andererseits ist jedoch die Gefahr beim Rundfunk ausgeschlossen, die Informationspflicht aus einem Grunde zu vernachlässigen oder gar zu versäumen, der darin liegt, daß man schneller oder „reißerischer" als eine eventuelle Konkurrenz berichten will.

Zum Gebiet der Sorgfaltspflicht zählt auch die Art und Weise der Darstellung. Denn häufig richtet sich die Empörung des in seiner Ehre Verletzten gerade gegen die *Art* des Vorbringens, dagegen, *wie* etwas gesagt ist. Geschützt ist zwar die Wahrheit des Berichteten, nicht jedoch der übertriebene oder gar gefärbte Aufputz.[262] Mit seiner zu Recht erhobenen Forderung, die Presse sei gehalten, „Übertreibungen zu vermeiden", stellt sich der BGH[263] in Gegensatz zu zwei Entscheidungen von Instanzgerichten[264]. Diese billigen eine „sensationelle" Aufmachung — sei es durch Ausschmückung oder Färbung — von Tatsachenberichten mit dem Hinweis, das Leserpublikum sei daran gewöhnt[265] oder diese Auf-

---

[258] § 5, 3.

[259] So BVerfGE 12, 113 (NJW 61, 819).

[260] BVerfGE 12, 113 (NJW 61, 819); Vgl. ferner § 5, 3.

[261] A. a. O. S. 27.

[262] So auch Grabowsky a. a. O. S. 260/261, der ferner ausführt, daß eine rein sachliche Darstellung auch ohne sensationelle Übertreibungen nicht schmucklos zu sein brauche. — Doch das hängt wohl vom Fingerspitzengefühl eines Journalisten ab.

[263] BGHZ 31, 308.

[264] OLG Celle in NdsRpfl 1948, 236; OLG Stuttgart, Ziv. Sen., in NJW 1950, 703.

[265] OLG Stuttgart a. a. O.

machung könne das geeignete Mittel sein, der Eile und Unaufmerksamkeit der Leser zu begegnen.[266] Gerade ein solches Zugeständnis an die „Gewöhnung“ des Leserpublikums kann den Weg freimachen für stärkere „sensationelle, pöbelhafte und geschmackswidrige Übertreibungen“, für diese „vulgären Fischzüge auf die schlechtesten Instinkte des Publikums“, welche oft sogar „unter der Maske des Sittenpredigers, heuchlerisch als Entlarvung von Mißständen dekoriert[267]“ sind. Um der Abstumpfung, die eine „Gewöhnung“ naturgemäß mit sich bringt, begegnen zu können, müßte diese Art von Aufmachung dann immer noch mehr verstärkt werden, um überhaupt noch zu wirken. Die Ablehnung der Schutzwürdigkeit dürfte in einem solchen Falle fraglos sein.

In den Bereich der sensationellen Aufmachung gehört auch die Frage des Verhältnisses von der Überschrift zum Inhalt eines Berichtes. Nach dem dort geltenden Recht genießen in England die Überschriften nicht den Schutz der Pressefreiheit[268]. Das geht deshalb zu weit, weil auch sie Bestandteil einer Information sind. Man wird jedoch für die Schutzwürdigkeit verlangen müssen[269], daß die Überschrift nicht in einer zum Inhalt des Artikels abweichenden Aussage oder unverhältnismäßig reißerischen Form steht[270].

2. *Zur Absicht bei der Wahrnehmung berechtigter öffentlicher Interessen*

In Ergänzung zu den grundsätzlichen Ausführungen hierüber[271] soll an dieser Stelle noch erwähnt werden, daß der Charakter einer Behauptung als Beitrag zu einer *öffentlichen* Diskussion nicht dadurch beseitigt wird, daß mit ihrer Aufstellung auch Nebenzwecke persönlicher Natur verfolgt werden[272]. Maßgebend dabei ist, daß der erste Zweck überwiegt, und daß der Zusammenhang mit dem Hauptthema der Erörterung gegeben ist.[273]

---

[266] OLG Celle a. a. O.

[267] Grabowsky, a. a. O. S. 260/261.

[268] Vgl. HILDEBRAND, Der Gedanke der Preßfreiheit im öffentlichen Recht Englands, Diss. Heidelberg, 1930, S. 55.

[269] So auch GELDBACH a. a. O. S. 162.

[270] Als Beispiel für eine typische reißerische Form in diesem Sinne sei auf die Ausgabe der Hamburger „Morgenpost“ vom 21. 3. 1963 verwiesen. Die riesige zweizeilige, ein Drittel der ersten Seite bedeckende Überschrift lautete: „Trunkenheit am Steuer straffrei.“ — Die dazu gehörende kurze Information besagte — klein gedruckt —, daß in *einem* diesbezüglichen Falle durch einen Amtsrichter auf Straffreiheit entschieden worden war!

[271] § 5, 4.

[272] BVerfGE 12, 113 (NJW 61, 819); BGHZ 3, 270 (277); BGHZ 14, 163 (170); OLG Celle in NJW 53, 1764; OLG Hamburg in NJW 52, 903; HELLE, Rechtswidrigkeit, a. a. O. S. 1901.

[273] OLG Celle in NJW 1953, 1764.

3. Die Legitimation zur Wahrnehmung berechtigter öffentlicher Interessen

Besonders problematisch bei der Wahrnehmung berechtigter öffentlicher Interessen ist die Stellung des „Angreifers“ zu diesen Interessen[274]. Was die Presse[275] anbetraf, so gestand des RG[276] dieser ausnahmslos nicht mehr Rechte zur Wahrnehmung fremder Interessen zu, als jedem anderen Staatsbürger auch[277]: das wahrgenommene Interesse mußte für den Handelnden — Verfasser oder Redakteur — ein eigenes sein oder ihn nahe angehen.[278] Interessen der Öffentlichkeit, des eigenen Leserpublikums, wurden nicht als nahe angehende Interessen anerkannt, falls sie nicht zugleich auch eigene Interessen waren. Die Berechtigung, öffentliche Interessen wahrzunehmen, könne für den einzelnen und damit auch für die Presse nicht aus der demokratischen Staatsauffassung hergeleitet werden. Lediglich das Volk in seiner Gesamtheit und seine verfassungsmäßigen Organe, nicht aber jedes einzelne Mitglied des Volkes sei als Träger der Staatsgewalt anzusehen.[279] Wenn die vom RG für die Wahrnehmung berechtigter Interessen kontinuierlich geforderte Voraussetzung des „Nahe-Angehens“, die die Interessen der Öffentlichkeit — falls sie nicht zugleich auch eigene Interessen waren — von der Schutzwürdigkeit ausschloß, auch ein leicht zu handhabendes Prinzip darstellt, um Zügellosigkeiten oder einen Mißbrauch seitens der Presse in Angriffen auf die Ehre des einzelnen abzuwehren,[280] so bietet doch schon jenes Erfordernis, das vom Angreifer wahrgenommene Interesse müsse das des Angegriffenen überwiegen, um die Wahrnehmung zu einer „berechtigten“ zu machen, genügend Schutz gegen eventuelle Mißbräuche.[281] Darüber hinaus konnte die durch das „Nahe-Angehen“ bedingte Rechtsprechung des RG, der man allerdings die positive Rechtsgrundlage und logische Folge-

---

[274] Vgl. § 5, 1.

[275] Hinsichtlich des Rundfunks — oder anderer Massenkommunikationsmittel — liegt eine Entscheidung des RG in diesem Bereich nicht vor.

[276] RGSt 5, 240; 15, 15; 23, 285; 24, 223; 25, 264; 40, 102; 41, 277 (285); 56, 380; 65, 359.

[277] Auch im englischen Recht findet sich diese grundsätzliche — wenn auch nicht ausnahmslose — Gleichstellung: Arnold v. The King Emperor of India (1914) 30 T. L. R. (462) 468: „The freedom of the journalist is an ordinary part of the freedom of the subject, and to whatever lengths the subject in general may go, so also may the journalist, but apart from the statute law, his privilege is no other and no higher ...“ R. v. Gray (1900) 2 Q B. D. (36) 40: „The liberty of the press is no greater and no less than the liberty of every subject of the Queen ...“

[278] RGSt 39, 401; 56, 380; 59, 414; 64, 13; 65, 359; 83, 362.

[279] RGSt 56, 380 (383 ff.).

[280] So auch Liepmann a. a. O. S. 22.

[281] Vgl. dazu § 6, 2.

richtigkeit nicht absprechen kann,[282] weder den Interessen des Staatsbürgers an Unterrichtung über öffentliche Angelegenheiten und an einer Meinungsbildung schlechthin, noch den unbestritten bedeutsamen Funktionen der Massenkommunikationsmittel — hier der Presse — gerecht werden. Wenn einerseits eine stärkere Anteilnahme des Staatsbürgers am öffentlichen Leben angestrebt wird, muß es andererseits auch den Massenmedien möglich sein, für *berechtigte* öffentliche Interessen einzutreten, ohne eine Strafe wegen übler Nachrede befürchten zu müssen.

Um eine Legitimation zur Wahrnehmung berechtigter öffentlicher Interessen zu finden, richtete ein Teil der Kritik, welche sich von je her in ausgedehntem Maße gegen die Rechtsprechung des RG in dem aufgezeigten Sinne wandte,[283] sein Augenmerk auf das Problem, für die Presse eine subjektive Berechtigung zu begründen, die es dieser im Rahmen des vom RG geforderten „Nahe-Angehens" ermöglichte, für berechtigte Interessen einzutreten.[284] Eine subjektive Berechtigung dieser Art würde jedoch bedeuten, daß die Presse — oder eines der anderen Massenkommunikationsmittel — generell und im Sinne einer Institutionalisierung zur Wahrnehmung berechtigter öffentlicher Interessen legitimiert wäre. Sie wäre also in allen ihren Äußerungen — gleichgültig, ob diese nun wirkliche oder nur vermeintliche Belange der Öffentlichkeit beträfen — durch den Rechtfertigungsgrund des § 193 gedeckt. Rechtlich anerkannte Interessen der Allgemeinheit, auf die es hier zwingend ankommt, würden

---

[282] Vgl. Helle a. a. O. S. 119; ähnlich auch Rehbinder a. a. O. S. 36.

[283] Gegen die Rspr. des RG: Häntzschel, Reichspressegesetz, a. a. O. S. 259; Löffler, Kommentar, a. a. O. Anm. 21 ff. zu § 193; Schaefer in LK, a. a. O. Anm. III 2 zu § 193; Schönke-Schröder a. a. O. Anm. III 3 b zu § 193; Maurach a. a. O. § 19 II C 3; Kern, Beleidigung, a. a. O. S. 354; Küster, Verantwortung, a. a. O. S. 11; Kohler a. a. O. S. 111 ff.; Koebel, Tagespresse, a. a. O. S. 673; Liepmann, Beleidigung, a. a. O. S. 39; Seibert a. a. O. S. 711; Klee a. a. O. S. 384; *a. A.* Schwarz a. a. O. Anm. 5 B b; Neumann-Duesberg, Presseberichterstattung, a. a. O. S. 24 ff.

[284] Zur Begründung dieser Berechtigung wird zum Teil angeführt, die Presse habe den „Beruf", die Belange der Öffentlichkeit wahrzunehmen — so Kohler a. a. O. S. 111 f.; Liepmann, Beleidigung, a. a. O. S. 39. Löffler, Kommentar, Anm. 21 f. zu § 193, spricht sogar vom „Beruf des Publizisten als Anwalt der Menschlichkeit", was angesichts der Praktiken gewisser Presseerzeugnisse doch wohl sehr bedenklich stimmen muß. — Zum anderen Teil wird die genannte Berechtigung damit begründet, daß der Presse eine „Garantenstellung" — ähnlich der im Rahmen des unechten Unterlassungsdeliktes — zugesprochen wird, wobei diese „Garantenstellung" ohne weitere Feststellung lediglich aus einer tatsächlichen öffentlichen Funktion der Presse abgeleitet wird (so z. B. Liepmann, Beleidigung, a. a. O. S. 39). Aber gerade dies käme — wie Rehbinder a. a. O. S. 38, mit Recht feststellt — einem Privileg der Presse bei der Beleidigung in Wahrnehmung berechtigter öffentlicher Interessen gleich.

demgemäß von den Interessen der Presse als Institution abhängen. Die Belange der Öffentlichkeit sind jedoch nicht allein eine Angelegenheit der Presse, sie gehen jeden einzelnen nahe an.[285] Dieser Ansicht schließt sich jetzt auch ausdrücklich der BGH an:[286]

„... Im übrigen wäre zu sagen, daß nicht, wie es oft unscharf heißt, „die Presse", sondern nur eine durch ein bestimmtes Presseorgan zur Öffentlichkeit sprechende *Person* berechtigte Interessen wahrnehmen kann, indem sie für die Allgemeinheit wichtige Dinge mitteilt und erörtert. Diese Befugnis beruht auf dem Recht jedes Bürgers, an der politischen Willensbildung tätigen Anteil zu nehmen ..."

Die Wahrnehmung von berechtigten öffentlichen Interessen darf also nicht von einer Auslegung ausgehen, die der Presse attestiert:[287]

„*Weil* Du die Funktion wahrnimmst, das Bedürfnis der Öffentlichkeit nach Unterrichtung zu befriedigen, weil Du also Presse bist, handelst Du in Wahrnehmung berechtigter Interessen ..."

Diese Auslegung macht sich als Vertreter der Presse vor allem der Deutsche Presserat zu eigen, wenn er die Aufnahme einer Bestimmung in das BGB[288] vorschlägt, die als typisch presserechtlich anzusehen ist und überwiegend die Interessen der Presse im Auge hat:

„Die Presse nimmt bei Erörterungen von Vorgängen des öffentlichen Lebens und von Ereignissen des Zeitgeschehens berechtigte Interessen ... wahr."[289]

---

[285] Bei Bejahung dieser Ansicht kann die Frage nach dem Kriterium des „Nahe-Angehens" im Sinne des RG offengelassen werden. — In dieser Richtung liegen auch die Begründungen derjenigen Instanzgerichte, die von 1945 an gegen die Rechtsprechung des RG entschieden: OLG Celle in NdsRpfl 48, 236; OLG Tübingen in DRZ 48, 495 ff.; OLG Stuttgart (Ziv. Sen.) in NJW 50, 703; OLG Freiburg in JZ 51, 753; BayObLG in BayJMBl 52, 44; OLG Hamm in MDR 53, 310 (311); KG in JZ 53, 91; OLG Celle in NJW 53, 1764; OLG Köln in GA 57, 61; OLG Stuttgart in JZ 60, 126. — Vgl. ferner KERN, Beleidigung a. a. O. S. 354; LIEPMANN a. a. O. S. 23; MAURACH a. a. O. § 19 II C 3 a; SCHAEFER in LK, a. a. O. Anm. III 2 zu § 193; Begründung zum PR-Entwurf, a. a. O. S. 19.

[286] BGH in NJW 63, 667.

[287] So BOCKELMANN in GrStRK, Bd. IX, S. 78.

[288] Nach Erscheinen des PR-Entwurfs — grundsätzliche Stellungnahme dazu in ZVuZV 59, S. 1085. Die gleiche Ansicht macht sich auch LÖFFLER, Persönlichkeitsschutz, a. a. O. S. 4; UFITA 30, 78 — wo er in diesem Zusammenhange sogar von einer „magna charta" der Presse spricht — zu eigen.

[289] Vgl. dazu auch § 3 Abs. 3 des Bayer. Gesetzes über die Presse vom 3. 10. 1949; § 1 Abs. 2 Satz 2 des Württ.-Badischen Gesetzes Nr. 1032 über die

Das subjektbezogene „*weil*" muß vielmehr durch ein auf das Objekt des öffentlichen Interesses, das nach dem hier Gesagten als ein schutzwürdiges anzusehen ist, bezogenes „*wenn*" ersetzt werden. In diesem Sinne ist die Ansicht des BGH[290] zu verstehen:

„Gerade *wegen* (Hervorhebung von d. Verf.) der Wichtigkeit dieser Aufgabe" (die Bürger über öffentliche Angelegenheiten zu unterrichten und an der politischen Meinungsbildung mitzuwirken) „ist die Freiheit der Presse durch das Grundgesetz (Art. 5 Abs. 1 Satz 2) besonders geschützt. Es ist der inzwischen herrschend gewordenen Meinung[291] zuzustimmen, daß die Presse im Rahmen ihrer *öffentlichen Aufgabe* (Hervorhebung von d. Verf.), insbesondere also bei der Behandlung politischer Angelegenheiten, zur Wahrung der Interessen der öffentlicher Interessen berufen könne.[292]

Ein Blick auf die ausländische Rechtsprechung zeigt, daß in den Ländern Frankreich, England, der USA und der Schweiz Presse, Rundfunk und Film kein unbeschränktes Äußerungsprivileg genießen, auch wenn die öffentliche Aufgabe dieser Institutionen allgemein anerkannt werde. Entscheidend sei, in welchen Fällen die Presse sich auf die Wahrnehmung öffentlicher Interessen berufen könne[292].

Man wird nun gerade den genannten Ländern eine wirklich demokratische Staatsform und einem Großteil ihrer Bürger eine demokratische

---

Freiheit der Presse vom 1. 4. 1949: „Der Presse steht der Schutz des § 193 StGB zur Seite. — Während der Bundespressegesetzentwurf von 1952 (in Lüders a. a. O. S. 267) in § 4 Abs. 2 noch ein „soweit ... behandelt" als Kriterium für § 193 einschaltet, soll das geplante neue Bundespressegesetz lediglich die pauschale Feststellung enthalten: „Die Presse erfüllt eine öffentliche Aufgabe" (ZVuZV 62, Nr. 19/20, 931).

290 BGHZ 31, 308. — In Fortsetzung dieser Rspr. BGH in NJW 63, 655 ff. und 902 ff. (903).

291 BVerfGE 12, 113 (NJW 61, 819) mit Hinweis auf BVerfGE 7, 198 (208); Schönke-Schröder a. a. O. Anm. III 3 a zu § 193; Enneccerus-Nipperdey a. a. O. S. 590; Erdsiek, Umwelt und Recht, a. a. O. S. 263, Helle, Rechtswidrigkeit, a. a. O. S. 1901; Coing a. a. O. S. 16 ff.; Reinhardt a. a. O. S. 6; Weitnauer in Erman, a. a. O. Anh. zu § 12 8 d cc; *a. A.* Ridder, Anmerkung zur Entscheidung des BVerfGE 12, 113 in JZ 61, 537 ff. (538); Schwenk a. a. O. S. 1324.

292 So das „Gutachten des Max-Planck-Institutes für ausländisches und internationales Privatrecht" über die Regelung des zivilrechtlichen Persönlichkeitsschutzes in Frankreich, der Schweiz, England und den Vereinigten Staaten, 1959, in BT-Drucksache 1237, S. 162. — In England z. B. ist es von großer Bedeutung, daß „die ‚privileges' versagt werden für alle Äußerungen, deren Gegenstand ‚is not of public concern and the publication of which is not for public benefit'". Es ist also noch nicht erwiesen, daß die Veröffentlichung dem öffentlichen Wohl auch *dient*, wenn es sich um einen Gegenstand des öffentlichen Interesses handelt.

Staatsauffassung nicht absprechen können. Trotzdem wird bei uns — vor allem seitens der Presse[293] gegen das Kriterium der „öffentlichen Aufgabe" oder auch das der „berechtigten" Wahrnehmung berechtigter Interessen[294] mit dem Hinweis, diese Begrenzungen seien als Ausfluß eines „Obrigkeits"-Staates[295] anzusehen, vorgegangen, mit dem Ziel, der Presse in ihrer Gesamtheit den Schutz des § 193 zuzubilligen — also eine Generalklausel[296] in dieser Richtung zu erreichen[297]. Während nun § 14 Abs. 2 des PR-Entwurfs[298] ausdrücklich bestimmt:

> „Presse, Rundfunk und Film nehmen ein berechtigtes Interesse wahr, wenn sie im Rahmen ihrer öffentlichen Aufgabe die Öffentlichkeit unterrichten oder Kritik üben",

verzichtet der EStGB[299] darauf, eine solche Vorschrift in § 178 Abs. 2 einzufügen mit dem Hinweis darauf,[300] daß sie Bestandteil der gesamten Rechtsordnung werde und auch für die Auslegung der strafrechtlichen Vorschriften über die Wahrnehmung berechtigter Interessen maßgebend sei, sobald sie im bürgerlichen Recht Gesetzeskraft erlange. Zudem habe diese Vorschrift keine selbständige Bedeutung und verfolge vor allem nicht den Zweck, ein Privileg zum Aufstellen oder Verbreiten ehrverletzender Äußerungen einzuräumen. Sie stelle lediglich — konkret und klärend — die Begrenzung bei der Wahrnehmung öffentlicher Interessen fest.

---

[293] So Löffler, UFITA 30, 69ff. (78); Persönlichkeitsschutz, a. a. O. S. 4; Pressefreiheit, a. a. O. S. 6; Küster a. a. O. S. 20.

[294] Vgl. § 6, 2.

[295] Dazu Küster a. a. O. S. 20: „... zeichnet sich schon in unserer punktuellen Nachkriegs-Rechtsprechung das Bestreben ab, der Entscheidung eine Legitimations- und Charakterprüfung vorausgehen zu lassen. Wundern darf das nicht. Es ist die zwangsläufige Folge der Entwicklung, die zur Anerkennung der öffentlichen Aufgabe, ja eines Amtes der Presse geführt hat, und zwar eines Amtes, das sie auch und gerade gegenüber obrigkeitlichen Personen im Blick auf deren amtliche Untadeligkeit ihres Verhaltens wahrzunehmen hat ..."

[296] Löffler, Pressefreiheit, a. a. O. S. 6: „Die Presse muß darauf bestehen, daß die Erfüllung ihrer öffentlichen Aufgabe, die notwendigerweise mit der Beeinträchtigung fremder (von ihr kritisierter) Persönlichkeiten verbunden ist, vom Gesetz eindeutig als Unrechtsausschließungsgrund anerkannt wird, und zwar im Rahmen der Generalklausel, da die Wahrnehmung berechtigter Interessen einen generellen Rechtfertigungsgrund darstellt, der bei allen denkbaren Persönlichkeitsbeeinträchtigungen Platz greifen kann."

[297] Gegen ein solches absolutes Privileg Coing a. a. O. S. 16; Hirsch a. a. O. S. 29; Geiger a. a. O. S. 43/44; Kohlrausch-Lange a. a. O. Anm. IV 2a zu § 193.

[298] In: BT-Drucksache 1237.

[299] In: Bundesratsdrucksache Nr. 200/62.

[300] Begründung a. a. O. S. 302.

Der Rechtfertigungsgrund des § 193 kann für die Massenkommunikationsmittel also nur im Rahmen ihrer „öffentlichen Aufgabe" zum Zuge kommen.

Inwieweit also „öffentliche Aufgaben" durch die Massenkommunikationsmittel — für unsere Arbeit Presse und Rundfunk — erfüllt werden und auf welcher Grundlage sie beruhen, wird nun näher zu untersuchen sein.

2. Kapitel

„Öffentliche Aufgaben" als Voraussetzung für die Wahrnehmung berechtigter öffentlicher Interessen

§ 12

Insbesondere: die „öffentliche Aufgabe" der Presse

Die „öffentliche Aufgabe" wird — wie wir dies auch schon im Rahmen der Untersuchung der „öffentlichen Interessen" festgestellt haben — zwar meist vorausgesetzt[301], aber kaum näher definiert. Eine Legaldefinition innerhalb des Grundgesetzes ist nicht ausgesprochen, obgleich sie in Art. 7 HChE zu finden war[302]:

„... (2) Die Presse hat die Aufgabe und das Recht, über Vorgänge, Zustände, Einrichtungen und Persönlichkeiten des öffentlichen Lebens wahrheitsgemäß zu berichten."

Ebenso wenig findet sich eine Legaldefinition innerhalb des RPG[303]. So stellt dann auch § 4 Abs. 1 des Entwurfs zu einem „Gesetz über das Pressewesen" (Bundespressegesetzentwurf) von 1952[304] nur lapidar fest:

„Die Zeitungspresse[305] erfüllt eine öffentliche Aufgabe."

Nur zwei landesrechtliche Vorschriften beschreiben „Aufgabe" bzw. „Freiheit" der Presse etwas genauer[306]:

„Die Presse hat die Aufgabe, im Dienst des demokratischen Gedankens über Vorgänge, Zustände und Einrichtungen und Persönlichkeiten des öffentlichen Lebens wahrheitsgemäß zu berichten."

---

[301] Vgl. § 10.

[302] Entnommen bei: v. MANGOLDT-KLEIN a. a. O. S. 235.

[303] § 1 RPG setzt die Pressefreiheit voraus.

[304] In: LÜDERS, Presse- und Rundfunkrecht, a. a. O. S. 267.

[305] Also *nur* Zeitungen und politische Zeitschriften — vgl. § 1 Abs. 3 des genannten Gesetzentwurfs.

[306] Art. 111, Abs. 1 der Verfassung des Freistaates Bayern, 1946.

oder[307]

„Die Pressefreiheit umschließt das Recht, Angelegenheiten des öffentlichen Interesses zu vertreten, zu kritisieren und zu erörtern, sofern dieses Gesetz dadurch nicht verletzt wird."

Die Begründung zum PR-Entwurf[308] stellt fest, daß es nicht im Rahmen des Bürgerlichen Gesetzbuches liegen könne, die „öffentliche Aufgabe" zu umschreiben. Das ist richtig, denn eine solche würde sich, so Huber[309], „in der Praxis bald als zu eng *und* zu weit erweisen und überholt werden".

Eine erschöpfendere Bestimmung der „Aufgabe der Presse" hat jedoch das Schweizerische Bundesgericht als Verfassungsgerichtshof bei seiner Rechtsprechung immer wieder angelegt:[310]

„Aufgabe sei ‚zum Beispiel dem Leser bestimmte, die Allgemeinheit interessierende Tatsachen zur Kenntnis zu bringen, ihn über politische, ökonomische, wissenschaftliche, literarische und künstlerische Ereignisse aller Art zu orientieren, über Fragen von öffentlichem Interesse einen öffentlichen Meinungsaustausch zu provozieren, in irgendeiner Richtung auf die praktische Lösung eines die Öffentlichkeit beschäftigenden Problems hinzuwirken, über die Staatsverwaltung und insbesondere über die Verwendung öffentlicher Gelder Aufschluß zu verlangen, allfällige Mißbräuche im Gemeinwesen aufzudecken usw.'"

Diese Formel umfaßt nun durchaus die Aufgaben der Presse, die man in einer Demokratie als Aufgaben im Dienste der Öffentlichkeit, als „öffentliche Aufgaben" ansehen wird: „zu berichten, zu erörtern, Kritik zu üben, ‚fürzusprechen' und — richtigerweise — auch zu belehren".[311]

Im Dienste der Öffentlichkeit liegt auch der Komplex der Unterhaltung, da in der Öffentlichkeit ein großes Bedürfnis danach vorhanden ist. Hierzu wurde bereits oben[312] festgestellt, daß innerhalb dieses Bereiches durchaus zur Meinungsbildung beigetragen werden kann, falls der Wille des betreffenden Publikationsorgans darauf gerichtet ist, oder falls eine Information, eine Belehrung oder auch eine Kritik in einer unterhaltenden Form gebracht wird.[313] Der Sinn der Meinungsäußerung des Art. 5 GG liegt ja gerade darin, „geistige Wirkung auf die Umwelt ausgehen zu lassen, meinungsbildend und überzeugend auf die Gesamtheit

[307] § 1 Abs. 2 des württ.-badischen Gesetzes über die Freiheit der Presse vom 1. 4. 1949 (RegBl. S. 59).

[308] A. a. O. S. 18.

[309] A. a. O. S. 121.

[310] BGE 37 I, 377; 37 I 388; 38 I, 86; 39 I, 593.

[311] Schüle a. a. O. S. 22.

[312] § 10, 2.

[313] Zur Begrenzung hierfür vgl. § 11, 2.

zu wirken.[314] Das kann auch in Unterhaltungsform geschehen. In der Regel werden jedoch der bloßen Unterhaltung die Merkmale der „öffentlichen Aufgabe" fehlen[315].

Daß die Presse — neben Rundfunk und Fernsehen — heute das wichtigste Instrument *bei* der Bildung der öffentlichen Meinung ist, ist unbestritten.[316] Nicht zugestimmt jedoch kann einer Definition werden, die die Presse als „Trägerin der öffentlichen Meinung" bezeichnet.[317] Schon der Begriff „die öffentliche Meinung" ist in seiner Bedeutung unklar und wird — trotz häufiger Anwendung dieses Schlagwortes — weder in der Rechtsprechung noch in der Literatur ausdrücklich erläutert.[318]

Wie man sich nun zur Bedeutung dieses Begriffes im staatsrechtlichen Sinne[319] auch stellen mag, ob man die Ansicht Ridders[320] und des Bundesverfassungsgerichtes,[321] die freie Bildung der öffentlichen Meinung werde vom Grundgesetz garantiert, oder die Werner Webers[322]: „Das Phänomen der öffentlichen Meinung klingt im Grundgesetz nicht an", — um die beiden extremsten Ansichten zu nennen — vertritt, eines ist klar: „Trägerin" der öffentlichen Meinung oder gar „als ihrem Wesen nach mit dieser identisch[323]" kann die Presse nicht sein[324]. Nur Menschen können eine Meinung haben, und deshalb sind auch nur Menschen Träger einer öffentlichen Meinung[325].

---

[314] BVerfGE 7, 198 (210); Häntzschel a. a. O. S. 655.

[315] So auch Schneider a. a. O. S. 126. Jedoch auch wenn einer bloßen Unterhaltung das Kriterium der „öffentlichen Aufgabe zugestanden werden sollte, wird der Zweck, den Leser zu unterhalten, kein den Ehrenschutz überwiegendes Interesse darstellen". — Dazu Weitnauer, Persönlichkeitsschutz, a. a. O. S. 314.

[316] BVerfGE 12, 113 (NJW 61, 819); in diesem Sinne auch BGHZ 31, 308.

[317] Löffler, Kommentar, a. a. O. S. 4 ff.; BGHZ in NJW 56, 588: „Trägerin und Gestalterin der öffentlichen Meinung".

[318] Mallmann, Öffentliche Meinung, a. a. O. S. 171.

[319] Zur Auslegung im strafrechtlichen Sinne vgl. Kohlrausch-Lange a. a. O. Anm. IV zu § 186; Schönke-Schröder a. a. O. Anm. II 2 zu § 186.

[320] In: Meinungsfreiheit a. a. O. S. 243 ff.; ebenso Löffler, Kommentar, a. a. O. S. 3 ff.

[321] BVerfGE 10, 118, 12, 113 (NJW 61, 819).

[322] In: Spannungen a. a. O. S. 22 und S. 48.

[323] Dagegen schon Tönnies a. a. O. S. 136; Bader in DRZ 1950, 421; Kohlrausch-Lange a. a. O. Anm. IV 2 zu § 193; Lange in GrStrK Bd. IX, S. 38.

[324] Dazu Beyer in NJW 61, 1156: „Jeder Pressekundige weiß, daß Priorität, Publizität, Vertriebssituation und Auflagenhöhe zusammen mit Ansehen und Rang einer bestimmten Zeitschrift die ‚öffentliche Meinung' vorprägen."

[325] So auch Mallmann, Öffentliche Meinung, a. a. O. S. 177 — Vgl. dazu ferner BGH in NJW 63, 667.

Unrichtig ist es auch, von *der* öffentlichen Meinung zu sprechen.[326] *Die* „öffentliche Meinung" ist eine „reine Fiktion",[327] man kann sie weder in Gestalt einer einheitlichen Kritik, „noch in der Erscheinung eines bestimmten eindeutigen allgemeinen Volkswillens" identifizieren.[328] Es gibt nur — wie Schneider[329] zutreffend ausführt — „öffentliche Meinungen über verschiedene Probleme, unter denen man Summen von übereinstimmenden Meinungen in der Öffentlichkeit in Bezug auf einen Gegenstand versteht."

Als viel bedenklicher jedoch muß es angesehen werden, wenn Löffler[330] die Presse als „Trägerin öffentlicher Gewalt", als „Vierte Säule des Staates" im Sinne der Montesquieu'schen Gewaltenteilung ansieht, mit der Begründung, sie sei ihrer „inneren und äußeren Unabhängigkeit" wegen das gegebene Gegengewicht zu dem gefährlichen Machtstreben des parteienlosen Ständestaates.[331] Es ist durchaus richtig, daß Gegengewichte gegen totalitäre Bestrebungen eines Staates wünschenswert sind. Sie können auch durch die im Rahmen der „öffentlichen Aufgabe" liegende sachliche Kritik der Presse am Staatswesen und den im öffentlichen Bereich tätigen Personen gebildet werden. Eine solche Kontrollfunktion muß jedoch in erster Linie auf einer wachsamen Beobachtung und auf ehrlicher Überzeugung beruhen. Und muß — was leider häufig übersehen oder nicht beachtet wird — selbst einer Kritik ausgesetzt sein können und auch wollen. Aber gerade die Presse ist heute, wie Eschenburg[332] klar formuliert, „die einzige Einrichtung von politischem Rang, die politisch kon-

---

[326] Darauf weist auch SCHNEIDER a. a. O. S. 119 hin; ferner ARNDT a. a. O. S. 3, der diese Art von Personifizierung sogar als „gefährlich" bezeichnet; weiterhin MALLMANN a. a. O. S. 174.

[327] So SCHNEIDER a. a. O. S. 119.

[328] MALLMANN a. a. O. S. 174.

[329] A. a. O. S. 119. — In diesem Sinne auch die Definition von BAUER, Die öffentliche Meinung in der Weltgeschichte, 1930, S. 19.

[330] Kommentar a. a. O. S. 4 ff.

[331] SCHÜLE a. a. O. S. 27, weist mit Recht darauf hin, daß die von LÖFFLER, Kommentar, a. a. O. S. 83 ff. geforderte und inzwischen vom BVerfG (BVerfGE 10, 118) ausgesprochene „institutionelle Eigenständigkeit" (für diese Garantie auch RIDDER, Meinungsfreiheit, a. a. O. passim) der Presse auch die Konsequenzen, welche aus einer „öffentlichen Einrichtung" zu ziehen wären, erwachsen ließe. — MALLMANN a. a. O. S. 186, stellt der geforderten öffentlich-rechtlichen Institution mit Verfassungsschutz die innere Ordnung des Pressewesens entgegen, in der der Verleger, der privatwirtschaftliche Unternehmer, als der eigentliche Träger der Freiheit und Funktion der Presse erscheint und spricht in diesem Zusammenhange von einer Presse*verleger*freiheit.

[332] Presse a. a. O. S. 4; In diesem Sinne auch BADER in DRZ 1950, 421 ff. (422).

trolliert, ohne selbst kontrolliert zu werden, die Kritik ausspricht, aber nicht der Kritik ausgesetzt ist. Sie ist gleichsam ein unbewachter Wächter."

Eine echte öffentliche Diskussion über Pressefragen ist heute kaum mehr möglich[333]. Das zeigte sich vor allem bei der Behandlung des Referentenentwurfs des „Gesetzes zur Neuordnung des zivilrechtlichen Persönlichkeits- und Ehrenschutzes" durch einen Großteil der deutschen Presse. Was hier an unrichtiger, entstellter und lückenhafter Berichterstattung erfolgte, war ein Vorgang, der zu denken geben mußte[334]. In ähnlichem Sinne verlief auch die Pressekampagne gegen die sogenannte „Lex Soraya", sowie den Entwurf für ein Bundespressegesetz im Jahre 1952[335]. Zur Behandlung der „Lex Soraya" hat deshalb Jescheck[336] dann auch festgestellt:

> „Wie die wirklichen Machtverhältnisse in unserem Staat liegen, ist mir dabei ganz klar geworden. Es hat mich außerordentlich bewegt, zu erleben, daß hochmögende Herren sich jetzt gegenüber der Presse geradezu entschuldigen müssen, daß sie es gewagt haben, einen solchen Tatbestand (Tatbestand der Indiskretion) in Erwägung zu ziehen."

Zum anderen muß darauf hingewiesen werden, daß die von Löffler[337] herausgestellte „innere und äußere Unabhängigkeit[338] keineswegs im gesamten Pressebereich gegeben ist. Ein großer Teil der heutigen Presse ist für seinen Bestand überhaupt oder für seinen als Gewerbebetrieb zu erzielenden Gewinn auf Inserate jeder Art angewiesen. So bestehen die meisten der Illustrierten fast zur Hälfte aus Reklame. In solchen Fällen sind diese Druckerzeugnisse naturgemäß auch von den Inserenten abhängig, und zwar manchmal in erheblich größerem Maße als vom Leser als Käufer. Freie Kritik im Namen der Öffentlichkeit setzt jedoch nicht nur Freiheit vor staatlichen Eingriffen, sie setzt vor allem auch Unabhängigkeit von Interessen-Gruppen voraus. Daß dies in der Praxis bei vielen Veröffentlichungen nicht zutrifft, weist Lange[339] am Beispiel der publizistischen Erörterung des Straßenverkehrsrechtes nach.

---

[333] Eschenburg a. a. O.

[334] Dazu vor allem kritisch Hirsch a. a. O. S. 10 ff.; Weitnauer, Persönlichkeitsschutz, a. a. O. S. 313.

[335] Dazu Heinrichsbauer, Die Presseselbstkontrolle 1954, S. 108 ff.

[336] In: GrStRK, Bd. IX, S. 33 und 35.

[337] Kommentar a. a. O. S. 4 ff.

[338] Diese spricht er z. B. den Universitäten und der Kirche ab. Der ersteren mit der Begründung, daß die Verarmung der Universitäten bekannt sei. Wo Armut herrsche, herrsche Unfreiheit. Der Kirche wegen der steuerlichen Gebundenheit an den Staat.

[339] A. a. O. S. 12.

Wenn auch der BGH bisher keine echte Definition[340] zur „öffentlichen Aufgabe der Presse" gegeben hat, so tut er in einer neueren Entscheidung[341] wenigstens einen Schritt in dieser Richtung, indem er zwei Bereiche ausklammert, welche den „öffentlichen Aufgaben der Presse" nicht zuzurechnen sind, und zwar „Berichte und Kommentare, denen es auf Skandal und Sensation ankommt". Das „ankommt" in dieser etwas unglücklichen Diktion muß dabei wohl als Motiv und nicht dahingehend ausgelegt werden, daß auch eine meinungspolitisch erforderliche Mitteilung wirklich existierender Skandale oder Sensationen nicht in den Bereich der „öffentlichen Aufgaben" fallen könne. Durch diese Entscheidung stellt, worauf Schneider[342] mit Recht hinweist, der BGH jedenfalls die Tatsache klar heraus, daß zwischen Presseinhalt und öffentlicher Aufgabe kein für alle Einzelfälle verbindliches Gleichheitszeichen besteht. Daß bei der Auslegung der „öffentlichen Aufgabe" es entscheidend auch auf das Motiv ankommt, hat schon Liepmann[343] herausgestellt, wenn er sagt, daß „Sensation, Reklame, persönliche Geschäftsrücksichten ... niemals ... als Dienst am Gemeinwesen und schutzwürdige Motivierung angesehen" werden sollten.

In diesem Zusammenhang ist vor allem die Frage zu stellen, inwieweit die so beliebte[344] Berichterstattung über den Bereich der Strafrechtspflege in Wort und Bild nicht auch auf Sensationsmache zurückgeht. Es kann nicht Aufgabe der Berichterstatter sein, durch das Hineinzerren des Angeklagten in die breiteste Öffentlichkeit dessen Strafe zu verschärfen. Der Gerichtsberichterstatter Sling sagte:

„Ist die Zeitung etwa ein Organ des Strafvollzugs? Ist sie dazu da, einem armen Teufel, dem man mit Mühe und Not zwei Monate aufbrummt, das ganze Leben zu ruinieren?"[345]

Ein Blick in die Illustrierten, jedoch auch mancher Tageszeitungen der vergangenen Jahre zeigt allerdings wie sehr sich diese nicht nur des „Strafvollzugs", sondern auch der gesamten Strafrechtspflege angenommen zu haben scheinen, wobei sie häufig nicht dem Gedanken Rechnung tragen, „daß eine Hauptverhandlung keine Schauverhandlung, sondern ein nicht

[340] Vgl. § 12, Fußnote 317.

[341] BGH in NJW 63, 667.

[342] In: NJW 63, 666.

[343] A. a. O. S. 24.

[344] Daß diejenige Art periodischer Druckerzeugnisse, die sich in sensationeller Aufmachung und unter Bevorzugung „pikanter" Gebiete mit forensischen Ereignissen beschäftigen, eine besonders starke Nachfrage in breiten Bevölkerungsschichten zu verzeichnen hat, konnte die Verfasserin durch verschiedene Umfragen feststellen.

[345] Zit. bei BUSSMANN, Privatleben, a. a. O. S. 55.

ernst genug zu nehmender Rechtsvorgang von sehr oft schicksalhafter Bedeutung ist",[346] sondern sich von sensationellen Motiven leiten lassen.[374]

Die Berichterstattung in Wort und Bild über eine „Person der Zeitgeschichte"[348] — also zum Teil auch ein Eindringen in dessen Persönlichkeitssphäre — kann in den Bereich der „öffentlichen Aufgaben" fallen. Eine Verletzung der „Intimsphäre"[349] dieses Personenkreises jedoch ist schon deshalb nicht dem genannten Schutzbereich zuzurechnen, weil sie im wesentlichen durch sensationelle Motive bestimmt ist.

Der Gedanke eines verfassungsmäßigen Grundrechts der Presse liegt dem englischen Rechtsdenken fern.[350] Trotzdem — oder vielleicht deshalb — kommt aus diesem Lande[351] ein Urteil, das nicht nur die Begrenzung der Meinungsfreiheit in einer beispielhaft klaren und eindeutigen Weise aufzeichnet, sondern darüber hinaus für das gesamte Gebiet des Persönlichkeits- und Ehrenschutzes richtungweisend sein kann[352]:

„Das Gesetz ist die faktische Grundlage der Aussagefreiheit in unserem Lande. Diese ist eine lebenswichtige Freiheit, denn ohne sie verwittert und stirbt jede Freiheit. Freiheit der Aussage ist die Freiheit jedermanns, seine ehrliche Meinung über jeden Gegenstand von allgemeiner Bedeutung zu äußern. Sie ist nicht ein Sonderrecht von Zeitungen und Journalisten, sondern ein Recht, das uns allen gleichermaßen zusteht. Wir sind alle frei, furchtlos jedermann gegenüber und in jeder Form, die wir wählen, mißtrauisch, schick-

---

[346] So mit Recht E. Schmidt, a. a. O. S. 339.

[347] Vgl. Erdsiek in NJW 63, 1048. Wichtig in diesem Zusammenhang ist auch die Feststellung des OLG Stuttgart in JZ 60, 126 ff., daß „gerade die Illustrierten-Presse, nachdem sie ein Bild mit der Frage ‚schuldig oder nicht' veröffentlicht hat, gar nicht daran denkt, und wohl auch nicht daran denken kann, später mitzuteilen, daß der Angeprangerte sich inzwischen als unschuldig erwiesen hat.

[348] Vgl. § 10, 3.

[349] Als innerster der Kreise der Persönlichkeitssphäre der Hubmann'schen Sphären-Theorie — von ihm „Geheim-Sphäre genannt —. Vgl. Hubmann, Persönlichkeitsrecht, a. a. O. S. 217 ff. Die Bezeichnung „Intimsphäre" verwenden z. B. Hirsch a. a. O. S. 6, S. 29; Schüle a. a. O. S. 55.

[350] Grünhut a. a. O. S. 319 ff.

[351] Dazu Scheuner, Garantien, a. a. O. S. 107: „Es gehört mit zu der starken Einschätzung der Freiheit der öffentlichen Diskussion, daß das englische Recht sie einerseits in vorbildlicher Weise fördert — hier werden Namen und Tatsachen offener genannt als bei uns, und der Grundsatz einer fairen, auch die Gegenseite berücksichtigenden Berichterstattung ist geachtet und gefordert — auf der anderen Seite aber mit strengen Begrenzungen hinsichtlich des Ehrenschutzes, der Kritik an den Gerichten und verfassungswidrigen Tendenzen umgibt."

[352] Zit. bei Erdsiek, Regierungsentwurf, a. a. O. S. 11 — aus der Urteilsbegründung des Lordrichters im Beleidigungsprozeß Liberace v. Daily Mirror („Cassandra"), 1958.

lich, höflich und diskret oder schneidend, herausfordernd, unhöflich und sogar brutal — diese Meinung auszudrücken. Aber wir dürfen keine herabsetzende Lüge über jemanden erzählen; wir dürfen keine unwahre Angabe von Tatsachen über jemand machen, die geeignet ist, ihn in den Augen rechtlich denkender Menschen herabzusetzen. Wenn wir eine Meinung bekanntgeben, ist es belanglos, ob sie ehrenrührig ist, vorausgesetzt, daß es unsere wahrhafte Überzeugung ist, ehrlich empfunden, und solcher Art, daß sie jeder fair gesinnte Mensch ehrlich hegen könnte."

§ 13

Die „öffentliche Aufgabe" von Rundfunk und Fernsehen

Mit der Darstellung der „öffentlichen Aufgabe der Presse" wurde aufgezeigt, daß über diesen Begriff keineswegs Einmütigkeit herrscht, und daß er vor allem im Bereich der Presse selbst nicht immer zweckdienlich interpretiert wird.

Neben die Frage nach der *grundsätzlichen* Legitimation des Rundfunks wird nun noch eine weitere treten müssen:

Verglichen mit dem mehr oder weniger freien Konkurrenzverhältnis innerhalb der einzelnen Presseerzeugnisse nehmen Rundfunk und Fernsehen eher eine Monopol- bzw. eine Oligopolstellung auf dem Gebiete der Meinungsäußerung ein. Insofern könnte also eine erhöhte Gefahr vom Rundfunk ausgehen, weil die Selbstkorrektur innerhalb der Massenkommunikationsmittel hier weniger gewährleistet erscheint als im Für und Wider einer Presseauseinandersetzung. Diese Tatsache nötigt dazu, zu prüfen, ob nicht der Ehrenschutz gegenüber Rundfunk und Fernsehen noch strenger und mit mehr Garantien versehen werden muß als gegenüber der Presse.

Für beide Fragen und ihre Beantwortung ist von einer Betrachtung der Gesamtsituation des Rundfunks auszugehen.

1. *Bindungen von Rundfunk und Fernsehen aus öffentlich-rechtlichen Gründen*

a) Organisation des Rundfunks und des Fernsehens

Die äußere wie auch die innere Organisation von Rundfunk[353] und Fernsehen liegen im öffentlich-rechtlichen Bereich. Im Bundesgebiet sind

---

[353] Zwar meint LOEHNING a. a. O. S. 3, daß eine Definition des Rundfunks ein ebenso müßiges Bemühen sei wie die Begriffsbestimmung etwa der Post oder des Theaters. Das ist zweifellos richtig, wenn man sich vor Augen hält, daß im heutigen Sprachgebrauch der Begriff Rundfunk seinen festen Platz hat und eigentlich unmißverständlich ist. Trotzdem soll hier darauf aufmerksam gemacht werden, welche Wandlung gerade dieser Begriff in den letzten 40 Jahren erfahren hat; vgl. dazu POHLE a. a. O. S. 15 ff. — Über die „gesprochene Zeitung" (O. GROTH, Die Zeitung, 1928/30, Bd. 1 S. 36/37) und dem

die Rundfunkanstalten *durchweg* als Anstalten des öffentlichen Rechts organisiert. Das ergibt sich eindeutig aus den gesetzlichen Vorschriften, die die Grundlagen für die Errichtung der Rundfunk- bzw. Fernsehanstalten[354] bilden.

In dieser Form liegt viel weniger die Gefahr einer Meinungsmonopolisierung[355], als wenn der Betrieb des Rundfunks einer privaten Unternehmer-Initiative oder politischen, weltanschaulichen oder gesellschaftlichen Gruppen freigegeben wäre[356].

— Lenin zugeschriebenen — Ausspruch: „Das Radio ist eine Zeitung ohne Papier und Entfernung" (Schubiger a. a. O. S. 10) kam man zu einer *rein* technischen Auslegung des Begriffs: „Der Rundfunk ist die ‚rund' d. h. kreisförmig nach außen gerichtete, für eine größere Hörerzahl bestimmte drahtlose Übermittlung von Nachrichten, Musikdarbietungen und Vorträgen zum Zwecke der Unterhaltung und Belehrung" („Der Große Brockhaus" 16. Bd. 1933, S. 207). Wenn dann auch noch vorübergehend bei einem Definitionsversuch auf die Organisations*form* des Rundfunks Bezug genommen wurde, war die nächste Rundfunk-Definition weniger begriffsbestimmend als politisch gefärbt: das „totale Instrument der nationalsozialistischen Weltanschauung" (Adolf Hitler auf dem Reichsparteitag 1936). — Erst nach 1945 entstand dann eine Definition, die alle wesentlichen Elemente des Rundfunks zusammenfaßt: Der Rundfunk „ist in Anwendung drahtloser Telephonie (Nutzung elektrischer Wellen) ein gleichzeitig übermittelndes, regelmäßig tätiges Instrument der Unterhaltung, Belehrung, Information und Beeinflussung und als solches eine — je nach Art der sendeseitigen Ausübung und der individuellen Gegebenheiten auf der Empfangsseite — die Lebenshaltung und Lebenseinstellung mehr oder weniger formende Wirkungsmacht für eine unbegrenzt große Anzahl von Menschen, die durch technische und willensmäßige Voraussetzungen in der Lage sind, einen Kontakt herzustellen. — Vgl. Pohle a. a. O. S. 15 ff.

[354] Als Beispiel sei genannt § 1 des Staatsvertrages über den Norddeutschen Rundfunk (NDR): „Der NDR ist eine gemeinnützige Anstalt des öffentlichen Rechts. Er hat das Recht der Selbstverwaltung im Rahmen der Bestimmungen dieses Vertrags ..." vom 16. 2. 1955 (GVBl Schl-H 1955, S. 92; Niedersächs. GVBl 1955, S. 167; Hamb. GVBl 1955, S. 198).

[355] Wenn man im Zusammenhang mit dem Rundfunk von einer Monopolisierung spricht, so ist dabei immer zu beachten, daß diese lediglich dadurch bedingt ist, daß Wellenknappheit einerseits und finanzielle Gründe andererseits zu einer Begrenzung der Sendestationen führen. (Vgl. Klinge a. a. O. S. 15). Keinesfalls sind die derzeitigen Rundfunkanstalten als meinungsoligopolistische „Machtinhaber" oder „Träger" des Rundfunks anzusehen. — So auch Ridder, Gutachten, a. a. O. S. 22. Die Rundfunkträger sind vielmehr „Treuhänder", die als solche die im „Eigentum" der „Nation stehenden Rundfunkwellen" für die Allgemeinheit verwalten.

[356] So Ridder, Meinungsfreiheit, a. a. O. S. 271; Heinemann a. a. O. S. 891. — Daß die Gefahr einer Beeinflussung oder eines Mißbrauchs des Rundfunks durch den Staat sich bei jeder Rechtsform durchsetzen kann, beweisen einmal die Vorgänge nach 1933, wo die privatrechtliche Organisation innerhalb des Rundfunks diesen vor einem solchen Mißbrauch nicht hat schützen können,

Diese Ansicht bestätigt sich durch die Betrachtung der meist sehr sorgfältig und gut durchdachten inneren Organisation der einzelnen Rundfunk- und Fernsehanstalten. Durch die Einrichtung von Gremien, wie Rundfunkrat[357] oder Verwaltungsrat[358], die eine Kontrolle[359] darstellen, oder durch die rechtlich genau festgelegte Verantwortung des Intendanten[360] suchen die deutschen Rundfunkanstalten einerseits ihre Unabhängigkeit praktisch zu verwirklichen. Zum anderen treten sie damit wirksam einer Meinungsmonopolisierung entgegen.

Voraussetzung für eine Kontrolle in demokratischem Sinne ist naturgemäß, daß nur wirklich unabhängige Personen in die einzelnen Rundfunkgremien gewählt werden, also Personen, die weder durch Parteien noch durch andere Gruppen wegen ihres Verhaltens in den Rundfunkgremien zur Rechenschaft gezogen werden können. Darauf weist Eschenburg[361] im Zusammenhang mit Schwierigkeiten im personellen Bereich des NDR im Jahre 1963 zu Recht hin.

---

zum anderen die rechtlichen Formen des Rundfunks in diktatorischen Staaten unserer Zeit.

[357] Diese Rundfunkräte setzen sich bei allen deutschen Rundfunkanstalten aus Vertretern des gesamten öffentlichen, politischen und sozialen Lebens zusammen, also Vertretern der Regierung, der Volksvertretung, der Kirchen (aller Konfessionen), der wirtschaftlichen Verbände, der Gewerkschaften, Industrie- und Handelskammern, Handwerkskammern, Bauernverbände, ferner der Frauenorganisationen, sportlichen Verbände, Kommunalverbände, kulturellen Verbände, der Universitäten, Hochschulen und anderer Schulen.

[358] Der Verwaltungsrat setzt sich durchweg aus Vertretern der Legislative, der Verwaltungsgerichtsbarkeit und weiteren vom Rundfunkrat zu wählenden Mitgliedern zusammen. Mitglieder des Verwaltungsrates dürfen jedoch nicht gleichzeitig auch dem Rundfunkrat angehören.

[359] Dazu Art. 6 Abs. 2 des Gesetzes über die Errichtung und die Aufgaben einer Anstalt des öffentlichen Rechts „Der Bayerische Rundfunk" vom 10. 8. 1948 (GVBl Bay. S. 135) in der Fassung vom 22. 12. 1959 (GVBl Bay. S. 314: „Der Rundfunkrat vertritt die Interessen der Allgemeinheit auf dem Gebiete des Rundfunks. Er wacht darüber, daß der Bayerische Rundfunk seine Aufgaben gemäß dem Gesetz erfüllt und übt das hierzu nötige Kontrollrecht aus. Seine Mitglieder sind verpflichtet, sich in ihrer Tätigkeit für die Gesamtinteressen des Rundfunks und der Rundfunkhörer einzusetzen. Sie sind an Aufträge nicht gebunden."

[360] Dazu § 35 des Gesetzes über die Errichtung von Rundfunkanstalten des Bundesrechts vom 29. 11. 1960 (BGBl. I S. 862): „Wer die ihm als Intendant oder als dessen Vertreter (§ 28 Abs. 2) obliegende Aufsichtspflicht vorsätzlich oder fahrlässig verletzt und dadurch fahrlässig dazu beiträgt, daß ein anderer eine wegen des Inhalts oder der Gestaltung einer Sendung mit Strafe bedrohte Handlung begeht, wird mit Gefängnis bis zu einem Jahr oder mit Geldstrafe bestraft."

[361] In: „Die Zeit" Nr. 21 vom 24. Mai 1963.

b) Leistungen als Aufgaben des Rundfunks

Die rechtliche Einordnung der Leistungen des Rundfunks ist umstritten. Die h. M.[362] rechnet sie zu den Aufgaben moderner öffentlicher „Daseinsfürsorge" im Sinne Forsthoffs[363]. Gegen eine generelle Einbeziehung wendet sich vor allem Spanner[364], der zwar Sendungen wie Nachrichten u. ä. der „Daseinsfürsorge" zuspricht, die Zugehörigkeit „der Masse der Sendungen" in diesen Bereich jedoch ablehnt. Das scheint auch im Moment zu überzeugen, hält man sich die Tatsache vor Augen, daß von etwa 1000 Minuten Sendezeit[365] etwa 350 Minuten auf Sendungen wie Tanz- und Unterhaltungsmusik u. ä. fallen, und daß die Wertung solcher Sendungen als „Daseinsfürsorge" zweifellos problematisch ist. Es darf jedoch nicht übersehen werden, daß man dem Staat den Betrieb von so wichtigen Institutionen wie „öffentliche Büchereien" auch nicht deshalb absprechen wird, weil diese neben „Klassikern" oder Lehrbüchern jeglicher Art auch Unterhaltungsliteratur verschiedenster Qualität verleihen.[366] Denn auch sie sind im eigentlichen Sinne „Leistungen der öffentlichen Verwaltung an die Zeitgenossen", wenn sie auch nicht „lebensnotwendig" im öffentlich-rechtlichen Sinne sind.[367]

Die genannte Streitfrage hat nun das Bundesverfassungsgericht dahingehend entschieden, daß es *alle* Veranstaltungen des Rundfunks und Fernsehens in den Bereich der „Daseinsfürsorge" als schlichte Hoheitsverwaltung einbezieht:[368]

„Zusammenfassend ist festzustellen, daß der Rundfunk in Deutschland zu einer öffentlichen Einrichtung geworden ist und in öffentlicher Verwaltung steht. Wenn sich der Staat mit dem Rundfunk in irgendeiner Form befaßt, so nimmt er damit eine Aufgabe der öffentlichen Verwaltung wahr."

Dadurch ist festgelegt, daß der Rundfunk immer — also mit allem, was er sendet — eine „öffentliche Aufgabe" im eigentlichen Sinne erfüllt,

---

[362] OVG Hamburg in DVBl 57, 68; Ipsen a. a. O. S. 40 ff.; Krause a. a. O. S. 106 ff.; Klinge a. a. O. S. 86; Krüger a. a. O. S. 78; Quaritsch im Jahrbuch f. Internat. Recht 1957/58, S. 341 ff.; Leiling a. a. O. S. 56; Ridder a. a. O. (Kirche und Staat) S. 42; Weber a. a. O. S. 67; Birkhahn a. a. O. S. 637; *a. A.* Apelt a. a. O. S. 375; Peters a. a. O. S. 35; Spanner, Gutachten, a. a. O. S. 4; OLG München in NJW 58, 1298.

[363] A. a. O. S. 285: „... alle Leistungen der (öffentlichen) Verwaltungen an die Staatsgenossen".

[364] A. a. O. S. 5.

[365] Programmübersicht des NWDR für das Jahr 1951 — bei Ridder, Kirche und Staat, a. a. O. S. 43.

[366] Dieses Beispiel von Quaritsch a. a. O. S. 381, ist sehr dazu geeignet, die fragliche Situation zu kennzeichnen.

[367] Zur Unterscheidung „lebensnotwendiger" und „nicht lebensnotwendiger" Daseinsfürsorge — vgl. Ridder, Kirche und Staat, a. a. O. S. 42 ff.

[368] BVerfG in NJW 61, 547 ff. (549).

weil[369] er eben Rundfunk ist. Die öffentlich-rechtlichen Grundlagen des Rundfunks bedingen also von vornherein im grundsätzlichen die Wahrung der verfassungsrechtlichen Grenzen.

Ob damit auch die verfassungsrechtlichen Intentionen, also die Unabhängigkeit vom Staat und die Verpflichtung, alle gesellschaftlichen Formen der Meinungsbildung allseitig neutral in sich zu integrieren, erfüllt sind, ist jetzt zu prüfen. Denn mit der Einbeziehung aller Rundfunkleistungen in den Bereich der „Daseinsfürsorge" ist noch nichts über die Stellung des Rundfunks im Meinungsprozeß ausgesagt. Darauf weist Ridder[370] zu Recht hin. Spanner[371] stellt dazu fest, es sei jedenfalls „im bestehenden Recht nicht begründet, die gesamten Leistungen des Rundfunks ihrem Inhalt nach gleich zu bewerten und den gesamten Rundfunk in jeder Hinsicht unter den Schutz des Art. 5 ... GG zu stellen". In diesem Zusammenhang soll darauf hingewiesen werden,[372] daß der Rundfunk eine ganz andere physikalische Dimension benutzt. Er spricht im Gegensatz zur Presse nicht den Leser, sondern den Hörer an, der zwar immer „hört", jedoch nicht immer „zuhört". Das trifft vor allem in Bezug auf die sogenannte Musikberieselung zu. Er wird also im allgemeinen nicht alles verwerten können und auch wollen, was er hört. Darüber hinaus haben wir bereits oben[373] festgestellt, daß unterhaltende Sendungen durchaus zur Meinungsbildung beitragen können, vor allem dann, wenn eine Intention dazu besteht. Es ist deshalb dem Bundesverfassungsgericht[374] zuzustimmen, wenn es ausführt:

> „Der Rundfunk ist mehr als nur ‚Medium' der öffentlichen Meinungsbildung: er ist ein eminenter ‚Faktor' der öffentlichen Meinungsbildung."[375]

Die Begründung des BVerfG hierfür wurde bereits oben, § 10, 2, zitiert.

Da der Rundfunk infolge seiner technischen Bedingungen Meinung und Gegenmeinung nicht „im Spiel der freien Kräfte"[376] zum Ausdruck bringen kann, muß eine gesetzliche Forderung „der Parität eine Vielzahl von Meiungsäußerungen" und eine dadurch bedingte freie Meinungs-

[369] Vgl. dazu § 11, 3.
[370] Kirche und Staat a. a. O. S. 43.
[371] A. a. O. S. 6. Auch Ridder, Meinungsfreiheit, a. a. O. S. 271, schränkt die Einbeziehung des Rundfunks in den Schutzbereich des Art. 5 GG auf die Gebiete der Meinungsäußerungen und künstlerischen Darbietungen ein.
[372] Vgl. dazu § 8.
[373] § 10.
[374] BVerfG in NJW 61, 547 ff. (552).
[375] *a. A.* Ridder, Gutachten, a. a. O. S. 22.
[376] Vgl. Leiling a. a. O. S. 57.

bildung garantieren.[377] Auch dieser Forderung tragen die meisten der Rundfunkanstalten ausdrücklich Rechnung.[378]

Es ist deshalb festzustellen, daß der Rundfunk bei der Wahrnehmung seiner Rechte und Aufgaben nach seiner eigenen Struktur in Erfüllung einer öffentlichen Aufgabe handelt.[379]

Diese Struktur schaltet insbesondere ganz wesentliche Gefahren aus, die bei der Presse bestehen und den *eigentlichen* Anstoß zu der Ehrenschutzgesetzgebung gegeben haben: daß es sich bei der „Presse" in erster Linie um Gewerbebetriebe handelt. Ein großer Teil davon besteht aus Erzeugnissen — sie beherrschen manchmal in Millionen von Exemplaren den Zeitungsmarkt —, die „im Außenverhältnis reine Vergnügungsprodukte, im Innenverhältnis bloße Erwerbsinstitute" sind[380].

Dazu ist grundsätzlich zu sagen, daß die Eigentümer solcher Gewerbebetriebe mit ihren Erzeugnissen tun oder lassen können, was ihnen beliebt. Es geht hier auch nicht um das Problem, inwieweit nach den Rezepten der modernen Vergnügungspresse arbeitende Blätter einen schlechten Einfluß auf ihre Leser ausüben oder nicht.[381] Festzustellen jedoch ist: Versuchen solche Presseerzeugnisse in erster Linie und mit allen eben noch zulässigen Mitteln oder auch jenseits der verfassungmäßigen Rechte des einzelnen nur *ihre* — geschäftsbedingten — Interessen wahrzunehmen, so sind sie keineswegs auf Wahrung öffentlicher und verfassungsmäßiger Funktionen bedacht, sie erfüllen also keine „öffentliche Aufgabe". Der durch die Struktur des Rundfunks und des Fernsehens ausgeschaltete Konflikt zwischen den spezifischen Interessen der Massenkommunikationsmittel einerseits und den Freiheits- oder Persönlichkeitsrechten des Staatsbürgers andererseits besteht bei dieser Art von Presseerzeugnissen in Permanenz.

---

[377] LEILING a. a. O. S. 57.

[378] Dazu Art. 4 des Gesetzes über die Errichtung und die Aufgaben einer Anstalt des öffentlichen Rechts „Der Bayerische Rundfunk", a. a. O.: „(2) Bei der Behandlung von Fragen, für die ein öffentliches Interesse besteht, ist den Vertretern der verschiedenen Richtungen die gleiche Sendezeit zu gewähren ..."

[379] Vgl. auch LEILING, Rundfunkfreiheit, a. a. O. S. 27.

[380] So SCHNEIDER a. a. O. S. 140.

[381] Dazu führt SCHNEIDER a. a. O. S. 140 eine Reporteranweisung aus dem Jahre 1927 an (abgedruckt bei DOVIFAT Auswüchse der Sensationsberichterstattung, Berlin 1930, S. 10): „Der Leser ist vor allem an Ereignissen interessiert, die Elemente seiner eigenen primitiven Natur enthalten. Solche sind 1. Selbsterhaltung, 2. Liebe und Fortpflanzung, 3. ... Das Element der Selbsterhaltung ist enthalten in all den Nachrichten, die von Mord, Selbstmord, Unfällen, Schlägereien handeln ... Zum Thema Liebe und Fortpflanzung sind zu rechnen: Heiratsgeschichten, Sexualskandale, Scheidungen, dreieckige Verhältnisse, romantische Geschichten über außerordentliche aus Liebesgründen vollbrachte Leistungen, Eifersuchtsdramen, kurz: alles geschlechtlich Interessante."

Die Gefahr der Verletzung der Ehre ist daher beim Rundfunk und Fernsehen wesentlich geringer als bei der geschilderten Art von Presseerzeugnissen.[382]

2. *„Selbst gesetzte Grenzen" in Ausgestaltung und Durchführung der Aufgaben*

Darüber hinaus hat, was sich aus der allgemeinen Struktur des Rundfunks und des Fernsehens im Vergleich zur Presse ergibt: ihre generelle Bindung an die in der Verfassung sanktionierten Persönlichkeitsrechte, noch einen konkreten und bindenden Niederschlag in den Gesetzen und Satzungen der einzelnen Rundfunkanstalten gefunden. Zu einer objektiven Berichterstattung sind alle Rundfunk- und Fernsehanstalten in der Bundesrepublik gesetzlich verpflichtet.[383]

Dazu kommen ausdrückliche Verpflichtungen wie

„... im Rahmen des publizistischen Anstandes[384] ..."
„... Achtung vor der einzelnen Persönlichkeit[385] ..."
„... nach gewissenhafter Prüfung ... sachliche Kritik zu üben[386] ..."

---

[382] Vgl. hierzu auch GIESE a. a. O. S. 247.

[383] Art. 4 Abs. 1 und 2 des Gesetzes über die Errichtung und die Aufgaben einer Anstalt des öffentlichen Rechts „Der Bayerische Rundfunk" vom 10. 8. 1948 (GVBl. Bay. S. 135) in der Fassung vom 22. 12. 1959 (GVBl. Bay. S. 314). — § 2 des Gesetzes über die Errichtung und die Aufgaben einer Anstalt des öffentlichen Rechts — „Radio Bremen" vom 22. 11. 1948 (GBl. Bremen, S. 225. — § 3 Ziff. 1—7 des Gesetzes über den Hessischen Rundfunk vom 2. 10. 1948 (GVBl. Hessen S. 123). — § 4 des Staatsvertrages über den Norddeutschen Rundfunk (NDR) vom 16. 2. 1955 (GVBl. Schl.-H. S. 92). — § 4 des Gesetzes über den „Westdeutschen Rundfunk Köln" vom 25. 5. 1954 (GVBl. NRW S. 151). — § 3 des Gesetzes Nr. 538 über den Saarländischen Rundfunk vom 27. 11. 1956 (Abl. Saar S. 1549). — § 5 des Staatsvertrages über den Südwestfunk vom 27. 8. 1951 in der Fassung vom 29. 2. 1952 (GVBl. Rh.-Pf. S. 71). — § 2 der Satzung für den „Süddeutschen Rundfunk" in Stuttgart. In: LÜDERS a. a. O. S. 185. — § 3 der Satzung der Rundfunkanstalt „Sender Freies Berlin (GVBl. Berlin. 1957 S. 1). — § 24 des Gesetzes über die Errichtung von Rundfunkanstalten des Bundesrechts (Deutsche Welle und Deutschlandfunk) vom 29. 11. 1960 (BGBl. I S. 862). — § 3 des Staatsvertrages über die Errichtung der Anstalt des öffentlichen Rechts „Zweites Deutsches Fernsehen" vom 6. 6. 1961 (GBl. Bad.-Württ. S. 215).

[384] So Art. 3 Abs. 2 Nr. 8 des Gesetzes über die Errichtung und die Aufgaben einer Anstalt des öffentlichen Rechts „Der Bayerische Rundfunk" vom 10. 8. 1948 in der Fassung vom 22. 12. 1959, a. a. O.

[385] § 2 des Gesetzes über die Errichtung und die Aufgaben einer Anstalt des öffentlichen Rechts „Radio Bremen" vom 22. 11. 1948, a. a. O.

[386] § 2 des vorgenannten Gesetzes, a. a. O.

„... die ganze Berichterstattung auf ein hohes Niveau wahrheitsgetreuer Objektivität an Inhalt, Stil und Wiedergabe einzustellen und bei Nachrichtensendungen jede offenbare oder versteckte Kommentierung zu unterlassen...“[387]

Wenn auch solche Richtlinien den „Charakter deklaratorischer Zielsetzungen“[388] haben, so stellen sie andererseits doch „selbst gezogene Grenzen“ dar, Grenzen, an denen es die Presse bisher vielfach fehlen läßt[389]: Sie mahnen die verantwortlichen Rundfunkorgane an die ihnen treuhänderisch übertragene hohe Verantwortung.[390] Die gründliche und

---

[387] § 2 der Satzung für den Süddeutschen Rundfunk“ in Stuttgart. In: LÜDERS a. a. O. S. 185.

[388] Vgl. KLINGE a. a. O. S. 31.

[389] Vgl. dazu GRÜNHUT a. a. O. S. 319 ff., der für die *englische Presse* feststellt, daß in diesem Lande die Grenzen des Erlaubten in der Kritik der Zeitungen untereinander deutlich gemacht werden. Ebenso aber werden sie auch deutlich in den Entscheidungen des General Council of the Press, die zwar keine Zwangsgewalt haben, aber durch das moralische Gewicht ihrer Feststellungen verantwortungslose Formen der Gewinnung und Verbreitung von Nachrichten mit aller Deutlichkeit brandmarken. — (Lea v. „Justice of the Peace“ and Ashford Ltd, dargestellt in H. Montgomery HYDE, Privacy and the Press, 1947).

Was den *englischen Rundfunk* angeht, so führt MANNHEIM a. a. O. S. 137 dazu aus: „... BBC (British Broadcasting Corporation) regulations guarantee fair presentation of different views ... It is democratic first because the BBC Board represents control not by business interests alone, but shared by representatives of various sections of the public ...“

Ein weiteres Beispiel „selbst gezogener Grenzen“ bietet auch Art. 3 der *Televison Act* von 1954 (2 und 3 Eliz. 2 Ch 55):

„(1) It shall be the duty of the Authority“ (gemeint ist eine „Unabhängige Fernsehbehörde“ — Independent Television Authority — mit eigener Rechtspersönlichkeit) „to satisfy themselves that, so far as possible, the programmes broadcast by the Authority comply with the following requirements, that is to say

(a) that nothing is included in the programmes which offends against good taste or decency or is likely to encourage or incite to crime ...
(b) that the programmes maintain a proper balance in their subject-matter and a high general standard of quality ...“

Die britische Regelung bietet in organisatorischer Hinsicht insofern eine Parallele, als die juristische Person der „Authority“ mit den derzeit in der Bundesrepublik Deutschland bestehenden öffentlich-rechtlichen Rundfunksendeanstalten (auch Fernsehen) verglichen werden kann.

SPANNER, Fernsehen, a. a. O. S. 6 weist jedoch zu Recht auf folgendes hin: Es verstoße gegen das Zensurverbot, müßte man Auflagen dieser Art in dem Sinne auffassen, daß der Programmhersteller zu einer vorherigen Vorlage des Programms zur Ermöglichung einer Kontrolle verpflichtet würde.

[390] Zum Problem der Verantwortung seitens der Presse äußert SCHIERLOH a. a. O. S. 102: „... Die versuchte Beeinflussung der öffentlichen Meinung in

verantwortungsvolle Ausgestaltung des Rundfunkrechts könnte in dieser Hinsicht gewinnbringend für eine Ausgestaltung des Presserechtes sein.[391]

Die „selbst gezogenen Grenzen" beim Rundfunk und Fernsehen sollten allerdings dahingehend ausgedehnt werden, daß *alle* Rundfunk- und Fernsehanstalten in der Bundesrepublik das „Recht auf Gegendarstellung" in ihre gesetzlichen Bestimmungen aufnehmen.[392] Denn die Not-

---

dieser oder jener Richtung ist auch dauernd vom Erfolg gekrönt. Was die Zeitungen schreiben, wird für wahr und richtig gehalten. Das ist von Seiten des Volkes die richtige Einstellung einer Presse gegenüber, die sich ihrer hohen idealen Aufgabe voll bewußt ist. Aber nur zu oft wird Unwahres und Unrichtiges gedruckt, ja sogar unter Umständen mit Bewußtsein ..." — Und POSSE, Über Wesen und Aufgabe der Presse, 1917, S. 33 ergänzt dazu, „daß die Pflichtverstöße der Presse ihre Quelle zumeist darin haben, daß die Zeitung ein privates Erwerbsunternehmen ist und der Verleger sie benutzt, um auf Kosten der Allgemeinheit und unter Mißbrauch des Wesens der Zeitung Geld zu verdienen ..."

[391] Für eine Selbstkontrolle der Presse auch GIESE a. a. O. S. 247, der in diesem Zusammenhange einen Vorschlag von GRABOWSKY (zitiert bei GIESE a. a. O.) herausstellt. Dieser empfiehlt, daß die Schriftsteller und Journalisten in ihre Interessenvertretungen Kontrollinstanzen einbauen, deren Entscheidungen dann für den Staat verbindlich wären. GRABOWSKY sieht jedoch dabei die Schwierigkeiten im Ausfindigmachen geeigneter Persönlichkeiten von hoher Fähigkeit und Autorität, während GIESE a. a. O. sie mit Recht mehr im technischen Bereich erblickt. Ein solcher Plan ließe sich nach seiner Ansicht wohl bei Büchern und Zeitschriften verwirklichen, evtl. auch noch bei der Tagespresse, kaum aber bei „der sog. Revolverpresse und bei den ohne Sensation nicht lohnenden Illustrierten". Aber gerade hier, wo der gute Vorschlag technisch versagen werde, lägen die gröbsten Mißstände vor und seien die schlimmsten Auswüchse zu verzeichnen.

[392] Ein Recht auf Gegendarstellung sehen vor: Art. 17 des Gesetzes über die Errichtung und die Aufgaben einer Anstalt des öffentlichen Rechts „Der Bayerische Rundfunk" vom 10. 8. 1948 (GVBl. Bay. S. 135) in der Fassung vom 22. 12. 1959 (GVBl. Bay. S. 314). — § 3 Ziff. 8 und 9 des Gesetzes über den Hessischen Rundfunk vom 2. 10. 1948 (GVBl. Hess. S. 123). — § 3 Abs. 2 des Gesetzes Nr. 538 über den Saarländischen Rundfunk vom 27. 11. 1956 (Abl. Saar S. 1549). — § 7 des Staatsvertrages über den Südwestfunk vom 27. 8. 1951 in der Fassung vom 29. 2. 1952 (GVBl. Rh.-Pf. S. 71) und Art. 6 der Satzung des Südwestfunks — Anstalt des öffentlichen Rechts — vom 20. 6. 1952 (BAnz. Nr. 138 S. 15). — § 2 Ziff. 8 der Satzung für den „Süddeutschen Rundfunk" in Stuttgart. In: LÜDERS a. a. O. S. 186. — § 25 des Gesetzes über die Errichtung von Rundfunkanstalten des Bundesrechts vom 29. 11. 1960 (BGBl. I S. 862). — § 4 des Staatsvertrages über die Errichtung der Anstalt des öffentlichen Rechts „Zweites Deutsches Fernsehen" vom 6. 6. 1961 (GBl. Bad.-Württ. S. 215). — § 3 Abs. 2 der Satzung des WDR Köln vom 27. 1. 1956 (GVBl. NRW 1956 S. 107. — *Kein* Recht auf Gegendarstellung sehen vor der Norddeutsche Rundfunk, Sender Freies Berlin und Radio Bremen. Auch der zwischen dem Bayerischen Rundfunk, Hessischen Rundfunk, Norddeutschen Rundfunk, Radio

wendigkeit einer besonderen Sicherung des Rechts zur Wahrnehmung berechtigter Interessen wird in der *Praxis* um so geringer sein, je bereitwilliger die sich zur Kritik des gesamten öffentlichen Lebens berufenen führenden Stellen ihrerseits das Recht „der Kritik an der Kritik" gewährleisten.[393] Wird die tatsächliche Möglichkeit dieser „Kritik an der Kritik" — aus welchen Beweggründen auch immer — eingeschränkt oder gar de facto unmöglich gemacht, indem beispielsweise Rundfunk, Fernsehen oder Presse für diese Zwecke Raum nicht zur Verfügung stellen, so werden die besten gesetzlichen Bestimmungen und die noch so — in anderer Hinsicht — verantwortungsvoll ausgestalteten Satzungsbestimmungen öffentlich-rechtlicher Körperschaften dem Betroffenen keinen ausreichenden Schutz bieten. Denn anders als der Widerrufsanspruch[394] schützt das Entgegnungsrecht[395]

„nicht die Wahrheit, sondern die Person, indem es dieser in Verwirklichung der Grundsätze der freien Meinungsäußerung und des beiderseitigen Gehörs sowie des Gedankens der Waffengleichheit das Recht einräumt, nicht widerspruchslos zum Gegenstand von Pressemitteilungen gemacht zu werden".

Auf der anderen Seite ist in Betracht zu ziehen, daß eine zu große Ausweitung des Gegendarstellungsanspruchs naturgemäß die Berichterstattung behindern und das Programmgestaltungsrecht sehr einengen kann. Daher hat einen Rechtsanspruch auf Gegendarstellung nur die unmittelbar betroffene Person oder Stelle, und zwar „nach dem Grundsatz: Tatsachen gegen Tatsachen, nicht aber Werturteile gegen Werturteile".[396]

Eine analoge Anwendung von § 11 RPG kann nicht ohne weiteres in Frage kommen, falls eine entsprechende gesetzliche Bestimmung für die einzelnen Rundfunk- oder Fernsehanstalten fehlt, da der Anwendungsbereich dieses Gesetzes nur Druckschriften umfaßt (§ 2 RPG). Für eine enge Auslegung dieser Vorschrift spricht ferner auch der Umstand, daß § 11 RPG nicht auf alle Druckschriften schlechthin, sondern auf periodische Druckschriften anwendbar ist. Auch „gewährt" das RPG eine völlig

---

Bremen, Sender Freies Berlin, Süddeutschen Rundfunk, Südwestfunk und Westdeutschen Rundfunk geschlossene Fernsehvertrag vom 27. 3. 1953 in der Fassung vom 24. 5. 1956 enthält keine Regelung des Rechts der Gegendarstellung.

[393] Vgl. dazu § 12.

[394] BGH in NJW 62, 1438: „Die Verurteilung zum Widerruf einer ehrkränkenden Behauptung setzt voraus, daß die Unwahrheit der zu widerrufenden Behauptung feststeht."

[395] So BayObLGZ 1958, 189; ferner Bay ObLG in NJW 61, 2075; OLG Köln in NJW 62, 1348.

[396] Begründung zum Entwurf eines Gesetzes über den Rundfunk in: BT-Drucksache 1959, 1434, S. 16.

andere „Berichtigungspflicht", den „Berichtigungszwang": die Strafen aus §§ 11, 19 Abs. 1 Nr. 3 RPG.[397]

Trotzdem sollte der *Grundgedanke* des § 11 RPG auch für die Rundfunk- und Fernsehanstalten angewandt werden. Diese Vorschrift stellt den Ausdruck eines allgemeinen Rechtsgedankens dar, der automatisch Anwendung finden müßte, ganz gleich, wie die Rundfunk- oder Fernsehanstalten sich satzungsmäßig absichern. Soweit ein Recht auf Gegendarstellung für Rundfunk und Fernsehen also nicht gesetzlich festgelegt ist, liegt zumindest ein schwerwiegendes Versäumnis des Gesetzgebers vor.

Nach alledem stellt sich das Problem der Wahrung berechtigter Interessen durch die Rundfunk- und Fernsehanstalten auf eine andere *Grundlage* als für die Presse.

Während für die Presse der *Ausgangspunkt* der Wahrnehmung berechtigter Interessen auf der Grundlage des § 193 mangels gesetzlicher Grundlage erst durch die Rechtsprechung erarbeitet werden mußte, erfüllen die Rundfunk- und Fernsehanstalten durch ihre öffentlich-rechtlichen Bindungen einerseits und ihre „selbst gesetzten Grenzen" andererseits grundsätzlich eine „öffentliche Aufgabe" als Legitimation für die Wahrnehmung berechtigter Interessen.

Darüber hinaus stellen die stärkeren Bindungen und Umschreibungen der Grenzen der Rechte und vor allem der Pflichten zugleich auch ein für die übrigen Massenkommunikationsmittel beispielhaftes Vorgehen dar.

Nachdem nun die grundsätzliche Legitimation von Rundfunk und Fernsehen zur Wahrnehmung berechtigter öffentlicher Interessen festgestellt wurde, ist zu prüfen, *wie weit* sich diese Institutionen auf den Rechtfertigungsgrund des § 193 berufen können.

---

[397] Greiff, Zur Rechtsgrundlage des Gegendarstellungsanspruchs, in: NJW 63, 1138; Löffler, Kommentar, a. a. O. Anm. 68 zu § 19 RPG.

4. Abschnitt

BERECHTIGTE WAHRNEHMUNG RECHTLICH ANERKANNTER ÖFFENTLICHER INTERESSEN DURCH RUNDFUNK UND FERNSEHEN

Ausgangspunkt für die Wahrnehmung berechtigter öffentlicher Interessen durch Rundfunk und Fernsehen sind diejenigen Voraussetzungen, die sowohl im ersten als auch im dritten Abschnitt dieser Arbeit dargelegt wurden.

Die erforderliche Abwägung der sich bei einer Ehrverletzung gegenüberstehenden Interessen soll anhand der einzelnen Aufgabenbereiche von Rundfunk und Fernsehen vorgenommen werden.

§ 14

Zur Beurteilung ehrverletzender Äußerungen in Rundfunk und Fernsehen

Die Aufgabe von Rundfunk und Fernsehen im einzelnen ist mit der Feststellung zu umreißen, daß die Sendungen der verschiedenen Anstalten der Unterrichtung, Belehrung und Unterhaltung dienen.[398] Dabei kann Unterrichtung wie auch Belehrung durch Tatsachen-Information oder durch kritische Wertung erfolgen. Die hier vorzunehmende Beurteilung wird deshalb von Unterhaltung, Werturteilen und Tatsachenbehauptungen ausgehen.

1. *Unterhaltung*

Werden ehrverletzende Äußerungen in Sendungen von Rundfunk und Fernsehen, welche *nur* dem Zwecke der Unterhaltung dienen, gemacht, so kommt eine Rechtfertigung durch § 193 grundsätzlich nicht in Frage. Dies gilt auch für solche Unterhaltungssendungen, die an sich dazu ge-

---

[398] Vgl. § 2 des Gesetzes über die Errichtung und die Aufgaben einer Anstalt des öffentlichen Rechts „Radio Bremen" vom 22. 11. 1948 (GBl. Brem. S. 225); Art. 4 Abs. 1 des Gesetzes über die Errichtung und die Aufgaben einer Anstalt des öffentlichen Rechts „Der Bayerische Rundfunk" vom 10. 8. 1948 (GVBl. Bay. S. 135) in der Fassung vom 22. 12. 1959 (GVBl. Bay. S. 314).

eignet sind, zur Meinungsbildung im Sinne des Art. 5 GG beizutragen.[399] Selbst ein rechtlich anerkanntes Interesse in diesem Bereich wird den Schutz der Ehre des einzelnen nicht überwiegen können.[400]

2. *Werturteile*

Zur Frage der Anwendung des § 193 bei kritischen Wertungen im Rahmen von Rundfunk- und Fernsehsendungen ist zunächst festzustellen, daß „Beleidigungen", die sich in tadelnden Urteilen über wissenschaftliche, künstlerische oder gewerbliche Leistungen finden, straflos sein sollen, vorausgesetzt, daß nicht die Absicht der Beleidigung aus der Form der Äußerung oder aus den Umständen, unter welchen sie geschieht, hervorgeht.[401] Diese Vergünstigung läßt das Gesetz bei der Güter- und Pflichtenabwägung dem freien Wort — über das Gebiet der sachlichen und deshalb bereits nicht strafbaren Kritik hinaus — zuteil werden.[402]

Kritische Äußerungen von Rundfunk[403] und Fernsehen werden sich zwar häufig in diesem Raum bewegen, sie werden sich jedoch nicht ausschließlich darauf beschränken. Für eine ehrverletzende Kritik, die sich nicht auf wissenschaftliche, künstlerische oder gewerbliche Leistungen bezieht, sondern sich an andere Gebiete wendet, wird zur Interessenabwägung Art. 5 Abs. I Satz 1 GG heranzuziehen sein. Das soll und kann jedoch nicht bedeuten, daß das Recht der Kritik grundsätzlich und in jedem Falle ein Interesse ist, das den Ehrenschutz überwiegt. Denn die Kritik ist meist kein Interesse an sich — darauf weist Rehbinder[404] zu Recht hin — sondern lediglich eines der Mittel für die Wahrnehmung anderer Interessen. Nur in wenigen Fällen wird ein Kritiker *zur* Wahrnehmung seiner Kritikfreiheit handeln. Dabei dürfte es dann vor allem wieder um Kritiken gehen, die sich auf künstlerische oder wissenschaftliche Leistungen erstrecken wie z. B. Film-, Theater- oder Buchkritiken o. ä.

Als weiteres kommt noch hinzu, daß der Schutz der Ehre eine „Schranke" (Art. 5 Abs. II GG) für das Recht der Meinungsäußerung darstellt. Andererseits begrenzt jedoch § 193 seinerseits wieder diese

---

[399] BVerfG in NJW 61, 552.

[400] So auch WEITNAUER, Persönlichkeitsschutz, a. a. O. S. 314; vgl. ferner §§ 10, 2; 12.

[401] RGSt 39, 312.

[402] SCHÖNKE-SCHRÖDER a. a. O. Anm. III 1 zu § 193.

[403] Hier ist festzuhalten, daß nach § 24 Abs. 2 des Gesetzes über die Errichtung von Rundfunkanstalten des Bundesrechts vom 29. 11. 1960 (BGBl. I S. 862) und nach § 3 Abs. 2 des Staatsvertrages über die Errichtung der Anstalt des öffentlichen Rechts „Zweites Deutsches Fernsehen" vom 6. 6. 1961 (GBl. Bad.-Württ. S. 215) Kommentare als persönliche Stellungnahmen zu kennzeichnen sind.

[404] A. a. O. S. 77.

„Schranken" durch die Anerkennung überwiegender Gegeninteressen. In diesem Sinne ist die Ansicht des Bundesverfassungsgerichtes[405] zu werten:

„Die gegenseitige Beziehung zwischen Grundrecht und ‚allgemeinem Gesetz' ist also nicht als einseitige Beschränkung der Geltungskraft des Grundrechts durch die ‚allgemeinen Gesetze' aufzufassen; es findet vielmehr eine Wechselwirkung in dem Sinne statt, daß die ‚allgemeinen Gesetze'" (also die Bestimmungen über den Schutz der Ehre) „zwar dem Wortlaut nach dem Grundrecht Schranken setzen, ihrerseits aber aus der Erkenntnis der wertsetzenden Bedeutung dieses Grundrechts" (der freien Meinungsäußerung) „im freiheitlichen demokratischen Staat ausgelegt und so in ihrer das Grundrecht begrenzenden Wirkung selbst wieder eingeschränkt werden müssen ..."

Aus dieser Ansicht des Bundesverfassungsgerichtes folgerte dann der BGH,[406] daß der Rechtfertigungsgrund des § 193 eine besondere Ausprägung des in Art. 5 GG normierten Grundrechts der freien Meinungsäußerung sei, das — so wieder das Bundesverfassungsgericht[407] — „für eine freiheitliche demokratische Staatsordnung schlechthin konstituierend ist, weil es erst die ständige geistige Auseinandersetzung, den Kampf der Meinungen ermöglicht, der das Lebenselement dieser Staatsordnung ist." Beeinträchtigt nun aber diese Meinungsäußerung ein gesetzlich geschütztes Rechtsgut eines anderen, „dessen Schutz gegenüber der Meinungsfreiheit den Vorrang verdient, so wird dieser Eingriff nicht dadurch erlaubt, daß er mittels einer Meinungsäußerung begangen wird. Es wird deshalb eine ‚Güterabwägung' erforderlich: Das Recht der Meinungsäußerung muß zurücktreten, wenn schutzwürdige Interessen eines anderen von höherem Rang durch die Betätigung der Meinungsfreiheit verletzt würden."[408]

Als Maßstab für die Güterabwägung ist das dazu oben Dargelegte[409] heranzuziehen. —

Besondere Bedeutung jedoch kommt bei einer Kritik im Rahmen von Rundfunk und Fernsehen dem subjektiven Moment und der Form der Kritik zu. Eine Kritik ist naturgemäß ja nur dann ehrverletzend, wenn sie unrichtig oder zwar richtig,[410] aber *unangemessen* in ihrer *Form* ist.

Was nun das subjektive Moment angeht, so ist dazu grundsätzlich auf die oben[411] gemachten Ausführungen zu verweisen. Darüber hinaus ist aber bei der Motivierung einer beleidigenden Kritik die Tatsache mit heranzuziehen, daß einige der Rundfunkanstalten in ihren gesetzlichen Bestimmungen ganz klare Richtlinien für kritische Äußerungen sowohl

---

[405] BVerfGE 7, 198 (209).
[406] BGHSt 12, 287 (293 ff.).
[407] BVerfGE 5, 85 (205), 7, 198 (208).
[408] BVerfGE 7, 198 (210).
[409] § 6, 1.
[410] Vgl. Rehbinder a. a. O. S. 82; ferner BGH in NJW 1963, 902 ff.
[411] § 5, 4 und § 11, 2.

nach Inhalt wie nach Form festgelegt haben.[412] Bei Nichtbeachtung dieser Richtlinien wird man also dem Kritiker den Willen absprechen müssen, *zur* Interessenwahrnehmung gehandelt zu haben. Er handelt dann vielmehr zum Zwecke der Ehrverletzung, was eine Rechtfertigung ausschließt, weil es an der Berechtigung des von ihm wahrgenommenen Interesses fehlt.

Die Berechtigung des wahrgenommenen Interesses fehlt ebenfalls dann,[413] wenn die kritische Wertung der Freude an Sensation, Klatsch und Skandal dienen soll.

3. *Information durch Tatsachen*

Eine Ehrverletzung bei Tatsachenbehauptungen kommt einmal dann in Betracht, wenn diese unzutreffend und herabsetzend sind, zum anderen dann, wenn die Behauptungen zwar als wahr, aber entwürdigend sich darstellen.

Zu den unzutreffenden ehrenrührigen Tatsachenbehauptungen ist zu sagen, daß in keinem Falle ein berechtigtes öffentliches Interesse daran bestehen kann, die Unwahrheit zu sagen und zu erfahren.[414]

Eine Rechtfertigung kommt also für wissentlich falsche Tatsachenberichte grundsätzlich nicht in Betracht.

---

[412] So Art. 4 Abs., 2 Nr. 8 des Gesetzes über die Errichtung und die Aufgaben einer Anstalt des öffentlichen Rechts „Der Bayerische Rundfunk" vom 10. 8. 1948 (GVBl. Bay. S. 135) in der Fassung vom 22. 12. 1959 (GVBl. Bay. S. 314): „Der Rundfunk kann im Rahmen des publizistischen Anstandes sachliche Kritik an Personen sowie an Einrichtungen und Vorkommnissen des öffentlichen Lebens üben." — § 2 des Gesetzes über die Errichtung und die Aufgaben einer Anstalt des öffentlichen Rechts „Radio Bremen" vom 22. 11. 1948 (GBl. Brem. S. 225): „Der Rundfunk hat das Recht, nach gewissenhafter Prüfung der Gründe an Ungerechtigkeiten, Mißständen oder Unzulänglichkeiten bei Persönlichkeiten oder Einrichtungen des öffentlichen Lebens sachliche Kritik zu üben." — Art. 5 Abs. 3 der Satzung des Südwestfunks vom 20. 6. 1952 (BAnz. Nr. 138 S. 15): „Der Südwestfunk hat das Recht zu angemessener und sachlicher Kritik am öffentlichen Leben. Dabei darf er nicht einseitig in den Dienst einer Regierung, politischen Partei, Kirche, religiösen Gemeinschaft, weltanschaulichen Richtung, eines Berufsstandes oder Interessenverbandes treten." — § 2 Nr. 8 der Satzung für den „Süddeutschen Rundfunk" in Stuttgart, in: LÜDERS a. a. O. S. 185/186: „Der ‚Süddeutsche Rundfunk' hat deshalb bei der Veranstaltung seiner Rundfunkdarbietungen folgende Richtlinien zu beachten: ... demokratisch gesinnten Kommentatoren und Vortragenden das Recht zur Kritik an Ungerechtigkeiten, Mißständen oder Unzuträglichkeiten bei Persönlichkeiten oder Amtsstellen der öffentlichen Behörden und der Staatsregierung zu sichern ..."

[413] Vgl. dazu § 10, 1 und 3.

[414] Zum Irrtum über die Wahrheit vgl. unten § 14; 4; vgl. auch § 12.

Der Sachlage, daß es in erster Linie darauf ankommt, die Öffentlichkeit mit *wahren* Nachrichten zu versorgen, entsprechen die gesetzlichen Bestimmungen *aller* Rundfunk- und Fernsehanstalten in der Bundesrepublik, wenn sie — wie bereits ausgeführt[415] — zu einer objektiven, d. h. also wahrheitsgetreuen und sachlichen Berichterstattung, verpflichten. Diese Objektivität in der Berichterstattung wird jedoch noch durch zwei weitere Tatsachen in der Gesetzgebung bei Rundfunk und Fernsehen verstärkt:

In den gesetzlichen Bestimmungen der meisten Rundfunk- und Fernsehanstalten ist eine *ausdrückliche* Trennung[416] zwischen Nachrichten und Kommentaren festgelegt[417]. Eine Begründung hierfür gibt der „Entwurf eines Gesetzes über den Rundfunk".[418] Er weist darauf hin, daß die in der ganzen Welt anerkannte Objektivität der Presse und des Rundfunks in Großbritannien von Sachkennern weitgehend auf die scharfe Trennung zwischen Nachrichten und Kommentaren zurückgeführt werde.[419]

Zum anderen hat, um einer Verletzung des Grundsatzes, daß Nachrichten und Berichte in ihrem Inhalt wahrheitsgetreu und in der Wiedergabe sachlich sein müssen, vorzubeugen, der Gesetzgeber die meisten Rundfunk- und Fernsehanstalten nicht nur zu einer sorgfältigen Prüfung

---

[415] § 13, 2.

[416] Daß eine Nachricht oder Meldung häufig der „Rohstoff" einer Meinungsäußerung sein kann, und daß ferner die Berichterstattung häufig mit einer Meinungsäußerung so sehr verquickt sein wird, daß es schwerfällt, sie im konkreten Falle zu trennen, stellen sowohl SPANNER, Gutachten, a. a. O. S. 12, als auch RIDDER, Meinungsfreiheit, a. a. O. S. 275 — ebenso in Kirche — Staat — Rundfunk, a. a. O. S. 44 — fest. — Weiterhin können, so führt MAUNZ a. a. O. S. 100, aus, „Meinungen auch in der Einkleidung von tatsächlichen Mitteilungen oder ‚Tatsachenberichten' verbreitet werden. Sie treten meist schon in der Auswahl der Nachrichten aus vielen, in der Art der Verbreitung, in der gewählten Aufmachung hervor." — Vgl. dazu ferner SPANNER, Gutachten, a. a. O. S. 11; RIDDER, Meinungsfreiheit, a. a. O. S. 264.

[417] So in: § 2 des Gesetzes über die Errichtung und die Aufgaben einer Anstalt des öffentlichen Rechts — „Radio Bremen" vom 22. 11. 1948 (GBl. Brem. S. 225). — § 3 Ziff. 4 des Gesetzes über den Hessischen Rundfunk vom 2. 10. 1948 (GVBl. Hess. S. 123). — § 3 Abs. 2 des Gesetzes Nr. 538 über den Saarländischen Rundfunk vom 27. 11. 1956 (Abl. Saar S. 1549). — § 5 Abs. 3 des Staatsvertrages über den Südwestfunk vom 27. 8. 1951 in der Fassung vom 29. 2. 1952 (GVBl. Rh.-Pf. S. 71). — § 2 Abs. 4 Nr. 6 der Satzung für den „Süddeutschen Rundfunk" in Stuttgart. In: LÜDERS a. a. O. S. 185. — § 24 Abs. 2 des Gesetzes über die Errichtung von Rundfunkanstalten des Bundesrechts vom 29. 11. 1960 (BGBl. I S. 862). — § 3 Abs. 2 des Staatsvertrages über die Errichtung der Anstalt des öffentlichen Rechts „Zweites Deutsches Fernsehen" vom 6. 6. 1961 (GBl. Bad.-Württ. S. 215).

[418] In: Bundestagsdrucksache 1959, Nr. 1434, S. 15.

[419] „Comment is free, but facts are sacred" — Vgl. DOVIFAT, Zeitungslehre, Bd. I, 3. Aufl., 1955, S. 59.

der zur Veröffentlichung bestimmten Berichte verpflichtet: Falls berechtigte Zweifel an der Zuverlässigkeit einer Nachricht bestehen, so sind diese zum Ausdruck zu bringen.[420] Bedeutungsvoll hierzu ist das Urteil des OLG München,[421] das feststellt, daß der Rundfunk zwar nicht verpflichtet sei, nur objektive Wahrheit zu senden, denn dafür könne er nicht einstehen. Er dürfe aber nicht etwas als wahr ausgeben, was er als falsch erkannt habe. Auch müsse er vorher gewissenhaft prüfen, ob eine Meldung wahr sei, und erkennen lassen, wenn er fremde Meinungen wiedergebe.

Eine Mißachtung dieser für unser Rechtssystem so wichtigen Grundregeln drückt vor allem die jüngste Verletzung der Pflicht zur Wahrheit aus, die im Rahmen einer Fernseh-Sendung, welche die angeblichen Abhöranlagen im Bundeshaus betraf, erfolgte.[422] Eine solche grobe Pflichtverletzung ist nicht nur dazu angetan, eine widerrechtliche Manipulation von Tatsachen darzustellen, sondern sogar dazu, die demokratische Ordnung unseres Rechtsstaates zu gefährden.

Was zutreffende aber entwürdigende Tatsachenberichte angeht, so kann durch sie entweder eine ungerechtfertigte Beeinträchtigung der Ehre im Sinne von § 185 dargestellt werden oder es handelt sich um eine Persönlichkeitsverletzung durch Indiskretion. Diese kann jedoch im Rahmen dieser Arbeit nicht ausführlich behandelt werden. Im Grundsatz ist jedoch hierzu auf den in dieser Arbeit herausgestellten Wertungsmaßstab bei der Güter- und Interessenabwägung[423] zu verweisen und darauf, was von uns unter „schutzwürdigen Interessen der Öffentlichkeit" verstanden wird.[424]

Wichtig in diesem Zusammenhang ist für den Bereich von Rundfunk und Fernsehen die Berichterstattung über die Strafrechtspflege.[425] Dazu sind in den letzten Jahren zwei bedeutsame Urteile des BGH ergangen, die es sowohl den Fernsehteilnehmern als auch den Rundfunkhörern in

---

[420] Eine solche Verpflichtung besteht in: § 2 des Gesetzes über die Errichtung und die Aufgaben einer Anstalt des öffentlichen Rechts — „Radio Bremen" vom 22. 11. 1948 (GBl. Brem. S. 225). — § 3 Ziff. 4 des Gesetzes über den Hessischen Rundfunk vom 2. 10. 1948 (GVBl. Hess. S. 123). — § 3 Abs. 2 des Gesetzes Nr. 538 über den Saarländischen Rundfunk vom 27. 11. 1956 (Abl. Saar S. 1549). — § 5 Abs. 3 des Staatsvertrages über den Südwestfunk vom 27. 8. 1951 in der Fassung vom 29. 2. 1952 (GVBl. Rh.-Pf. S. 71).

Nur die Verpflichtung zu einer sorgfältigen Prüfung enthalten: § 24 Abs. 1 des Gesetzes über die Errichtung von Rundfunkanstalten des Bundesrechts vom 29. 11. 1960 (BGBl. I S. 862). — § 3 Abs. 1 des Staatsvertrages über die Errichtung der Anstalt des öffentlichen Rechts „Zweites Deutsches Fernsehen" vom 6. 6. 1961 (GBl. Bad.-Württ. S. 215).

[421] In: NJW 1958, 1298 ff.

[422] Sendung „Panorama" der ARD (Arbeitsgemeinschaft Deutscher Rundfunkanstalten) — „1. Programm" — vom 24. 9. 1963.

[423] § 6, 1.

[424] § 10, 1, 2 und 3.

[425] § 12.

Zukunft nicht mehr möglich machen, am Bildschirm oder am Rundfunkgerät Strafverhandlungen aus dem Gerichtssaal mitzuerleben. In seiner Entscheidung vom 13. 6. 1961 hat der BGH[426] erklärt, daß derartige Übertragungen ohne Rücksicht auf die etwaige Einwilligung der Betroffenen schlechthin unzulässig seien und ohne weiteres zur Aufhebung des Urteils durch die Revisionsinstanz führen. Dabei läßt es der BGH letztlich unentschieden, ob durch derartige Aufnahmen zum Zwecke der Fernsehübertragung die Würde der Persönlichkeit des Angeklagten oder der sonst Betroffenen beeinträchtigt werden könnte. Ausschlaggebend für die Erwägungen des BGH war die Tatsache, daß durch derartige Aufnahmen die Verteidigung des Angeklagten in unzulässiger Weise beeinträchtigt und die Pflicht zur Erforschung der Wahrheit verletzt werde. Wenn auch die Öffentlichkeit des Verfahrens (§ 169 GVG) ein Hauptgrundsatz der deutschen Strafrechtspflege ist, so kann dieser doch nicht als Argument für eine *unbeschränkte* Berichterstattung herangezogen werden[427].

Besonders wichtig für die Abwägung der Interessen ist jedoch noch das Problem der nicht erweislich wahren Tatsachen, die durch Rundfunk oder Fernsehen in gutem Glauben an ihre Richtigkeit mitgeteilt werden.

4. *Zum Irrtum über die Wahrheit*

Die Frage des Irrtums über die Wahrheit von Tatsachen, die über Rundfunk und Fernsehen mitgeteilt werden, ist für diese Institutionen aus mehreren Gründen besonders bedeutsam. Es wurde bereits festgestellt,[428] daß Rundfunk und Fernsehen in ganz besonderem Maße extensiv wirken. Dazu kommt, daß bei diesen Medien die Aktualität der Nachricht — im Vergleich zur Presse — deshalb eine fast noch größere Rolle spielt, weil eben mehrmals am Tage Nachrichten gesendet werden und dadurch die Zeitspanne für ihre Beschaffung und für die Überprüfung ihrer Richtigkeit geringer ist. Auf der anderen Seite ist — wie ebenfalls nachgewiesen[429] — die Frage der Gegendarstellung oder Berichtigung im Rahmen von Rundfunk und Fernsehen keineswegs geregelt oder gar einheitlich geregelt und bedingt dadurch eine erhöhte Gefahr der Ehrverletzung durch irrtümlich falsche Berichte.

Grundsätzlich ist noch festzustellen, daß man zwar in der Zubilligung von Privilegien für Werturteile großzügig sein kann, daß aber für nicht

[426] In: NJW 61, 1781.

[427] Dazu vor allem E. Schmidt a. a. O. passim, der in diesem Zusammenhang unter „Öffentlichkeit" nur die „unmittelbare Öffentlichkeit" versteht, also einen freien Zugang zur Hauptverhandlung. Zustimmend — hier gegen Tonbandaufnahmen von Gerichtsverhandlungen — BGHSt 10, 202 (205); vgl. auch Coing a. a. O. S. 25; Bussmann, Privatleben, a. a. O. S. 54.

[428] §§ 7, 8.

[429] § 13, 2.

erweislich wahre ehrenrührige Tatsachenbehauptungen wesentlich strengere Regeln gelten müssen. Denn diese sind die größte Gefahr für Ehrverletzungen, da sie dem Verletzten sehr schwere, manchmal überhaupt nicht mehr gutzumachende Schäden zufügen können.[430]

Bei der Betrachtung des Irrtums über die Wahrheit muß nun von folgendem ausgegangen werden: Bei solchen Mitteilungen, die ohnehin sich mit der Intimsphäre eines Menschen befassen oder die über eine Person berichten, die nicht der „Zeitgeschichte“ im aufgezeigten Sinne[431] angehört, kommt es nicht darauf an, ob die Mitteilung wahr ist oder nicht, denn ihre Veröffentlichung fällt ebenso wenig in den Bereich der Schutzwürdigkeit, wie eine *wissentlich* falsche Mitteilung.[432] Für eine Betrachtung kommen also nur solche Mitteilungen in Frage, deren Verbreitung „berechtigt“ gewesen wäre, falls ihr Inhalt der Wahrheit entsprochen hätte.[433]

Es kann nicht Aufgabe der vorliegenden Arbeit sein, die gesamten Problemkreise des Irrtums über Rechtfertigungsgründe aufzuzeigen. Aus diesem Grunde wird hier die herrschende Theorie, also die sogenannte „eingeschränkte Schuldtheorie“[434] zugrundegelegt. Nach ihr liegt die Unterscheidung bei einem Irrtum über Rechtfertigungsgründe darin, ob der Täter über die rechtfertigende Bestimmung als solche[435] oder über den Sachverhalt irrt.

Irrt er also über das Vorliegen oder den Umfang[436] eines Rechtfertigungsgrundes, dann liegt ein Verbotsirrtum vor. Dabei entfällt das Bewußtsein der Rechtswidrigkeit als *quantitatives* Schuldelement. Für das Strafmaß des Täters ist danach die individuelle Vermeidbarkeit zu berücksichtigen.

Geht man nun von der Tatsache aus, daß in den meisten der Gesetze über die einzelnen Rundfunk- und Fernsehanstalten genau festgelegte

---

[430] Vgl. auch WEITNAUER, Zivilrechtlicher Ehrenschutz, a. a. O. S. 1189.

[431] § 10, 3.

[432] Vgl. § 14, 3.

[433] Vgl. § 3, 3.

[434] BGHST 2, 194 ff. (208); KOHLRAUSCH-LANGE a. a. O. § 59; v. WEBER in JZ 1951, 260; vgl. auch SCHAFFSTEIN, Der Irrtum bei der Wahrnehmung berechtigter Interessen. In: NJW 51, 198 ff. und 691 ff.

[435] Vgl. dazu BGH in NJW 63, 902. — Hier wird die Problematik des Irrtums über die rechtfertigende Norm klar aufgezeigt: Die Berufung des Beklagten auf das Grundrecht der Pressefreiheit und darauf, daß „in seiner Zeitschrift in der geschehenen Weise berichtet werden“ dürfe — es handelte sich um einen Fall, bei dem sowohl in Inhalt wie in der Form über das Maß einer erlaubten Kritik weit hinausgegangen wurde — wurde vom BGH eindeutig zurückgewiesen.

[436] Dazu BGHZ 31, 308: Nicht gerechtfertigt ist ein Bericht, der so einseitig ist, daß ein nach der negativen Seite entstelltes Bild über eine Person entsteht.

und klar formulierte Richtlinien für die Durchführung der Aufgaben dieser Anstalten vorhanden sind — vor allem die generelle Verpflichtung zur objektiven Berichterstattung[437] — so tritt beim Vorliegen eines Verbotsirrtums in der Praxis von Rundfunk und Fernsehen ein klarer Unterschied zur Presse zutage. Während bei der Presse[438] eine Unbestimmtheit bezüglich des Begriffs „öffentliche Aufgabe" und ihrer Durchführung vorherrscht, die häufig zu einem Verbotsirrtum im gegebenen Falle führen wird, wird man bei Rundfunk und Fernsehen in diesem Zusammenhang darauf abstellen müssen, daß die verpflichtenden Richtlinien dort die Einsicht in das Unrechtmäßige des Tuns indizieren. Man wird also bei Rundfunk und Fernsehen im gegebenen Falle eher zu einem vermeidbaren Verbotsirrtum kommen.

Irrt der Täter nun über den Sachverhalt, also Tatumstände, deren Vorliegen einen Rechtfertigungsgrund ausweisen würden, so soll ihm nach der Ansicht des BGH[439] die irrtümliche Annahme auch der tatsächlichen Voraussetzungen der Rechtfertigung nichts nützen, falls dieser Irrtum auf einer Fahrlässigkeit hinsichtlich der für § 193 geforderten Prüfungs- und Sorgfaltspflicht beruht. Bezüglich der Wahrnehmung berechtigter Interessen[440] macht der BGH[441] also eine Ausnahme dahingehend, daß er aus Vorsatz bestraft, obgleich dem Täter nur die *fahrlässige* Verletzung der Sorgfalts- und Erkundigungspflicht vorgeworfen werden kann.[442] Der Sachverhaltsirrtum wird also hier — darauf weist Rehbinder[443] zutreffend hin — in einen Bewertungsirrtum umgedeutet und dadurch versucht, die Lücke zu schließen, die sich bei einer Verletzung der zumutbaren Prüfungs- und Sorgfaltspflicht daraus ergibt, daß eine fahrlässige Ehrverletzung nicht strafbar ist.[444] Ein Irrtum des Täters über die Wahrheit der behaupteten Tatsache führt nach der h. M. also dann zu einer Bestrafung, wenn nicht gleichzeitig der zumutbaren Pflicht zur Nachprüfung entsprochen wurde.

Für Rundfunk und Fernsehen ergeben sich daraus wieder andere Konsequenzen als für die Presse. Die Erfüllung der in den meisten der Gesetze über Rundfunk und Fernsehen[445] gleichfalls eindeutig niedergelegten Pflicht, eventuelle Zweifel an der Richtigkeit der mitgeteilten

---

[437] § 13, 2.

[438] Vgl. § 12.

[439] BGHSt 3, 8.

[440] Ebenso auch für den übergesetzlichen Notstand.

[441] Im Sinne des BGH auch WELZEL a. a. O. § 22; SCHAEFER in LK, a. a. O. Anm. IV zu § 193.

[442] Dagegen mit Recht LANGE in JZ 53, 9; SCHRÖDER IN MDR 53, 72; ARTHUR KAUFMANN in JZ 56, 393.

[443] A. a. O. S. 107.

[444] Vgl. REHBINDER a. a. O. S. 109.

[445] § 14, 3.

Tatsachen auszudrücken, bedeutet, daß man damit im konkreten Falle auch der zumutbaren Erkundigungspflicht nachgekommen war. Allerdings liegt — *durch* die Mitteilung eventueller Zweifel — dann auch kein echter Irrtum mehr vor. Werden die vorhandenen Zweifel an der Wahrheit einer Nachricht jedoch verschwiegen, so liegt bedingter Vorsatz[446] vor, der zu einer Bestrafung ausreichen würde. Es dürfte aber schwierig sein, dem für die Nachricht Verantwortlichen solche Zweifel nachzuweisen.

---

[446] Vgl. für die Presse Rehbinder a. a. O. S. 110.

ZUSAMMENFASSUNG

Abschließend soll hier noch einmal darauf hingewiesen werden, daß das Rundfunk- und Fernsehrecht im Rahmen der hier gestellten Probleme bis heute im wesentlichen als „Anhängsel" zum Presserecht behandelt wird. Rechtsprechung und Literatur befaßten sich bisher mehr mit den Fragen der Gesetzgebungskompetenz für Rundfunk und Fernsehen: die Fragen des Ehrenschutzes und der Wahrnehmung berechtigter Interessen bei diesen beiden Institutionen wurden also weitgehend mit den Erkenntnissen zu lösen versucht, die in diesem Zusammenhang für das Recht der Presse entwickelt worden sind.

Im Rahmen der vorliegenden Darstellung wurden vor allem drei Gesichtspunkte wichtig:

1. Eine Entwicklung der Problematik konnte hier nicht — wie es auf allen anderen Rechtsgebieten aus traditionellen Gründen geschieht — anhand der Rechtsgeschichte erfolgen, da sowohl Rundfunk wie Fernsehen in ihrer Geschichte zu jung sind, um daraus rechtlich bedeutsame Folgerungen ziehen zu können.

2. Andererseits mußte um so mehr das entwickelt werden, was man Rechtstatsachenforschung nennt, so weit dadurch der Rahmen einer solchen Arbeit nicht gesprengt wurde.

3. Daneben wurde auch auf Rechtsvergleichung — im wesentlichen mit dem angelsächsischen Recht — abgestellt, da gerade in England die Freiheit der Meinungsäußerung besonders hoch eingeschätzt und die sich daraus ergebende Verantwortung in vorbildlicher Weise ernst genommen wird. Zum anderen bietet die britische Regelung hinsichtlich der Organisation von Rundfunk und Fernsehen eine sehr gute Vergleichsmöglichkeit mit der Situation der deutschen Rundfunk- und Fernsehanstalten.

In dieser Arbeit konnte nun die Eigenständigkeit des Rundfunk- und Fernsehrechts klar herausgestellt werden. Diese Eigenständigkeit beruht — wie es sich vor allem bei der Irrtumsfrage zeigte — nicht zuletzt auch auf der genaueren gesetzlichen Festlegung der Wahrung berechtigter Interessen. Insofern stellt sich die Problematik gewissermaßen als ein gegenseitiges Geben und Nehmen von Presse einerseits und Rundfunk andererseits dar:

Das Rundfunkrecht sollte also weniger als „Anhängsel" zum Presserecht betrachtet werden, in seiner gründlichen und verantwortungsvollen Ausgestaltung könnte es gewinnbringend für eine Ausgestaltung des Presserechtes in dieser Hinsicht sein.

FSC
www.fsc.org
MIX
Papier | Fördert gute Waldnutzung
FSC® C083411

Kolibri 360 GmbH
Ferdinand-Jühlke-Straße 7
99095 Erfurt, Deutschland
produktsicherheit@kolibri360.de